JN218120

科学的 潜在意識の書きかえ方

小森圭太
Komori Keita

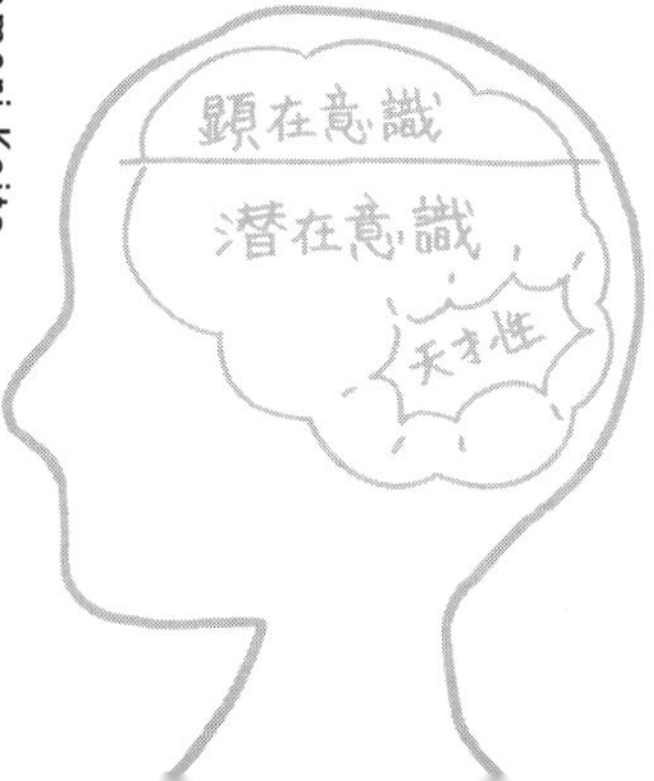

光文社

はじめに

目の前の現実は、自分の意識と関係なしに、勝手に起こっている。

かつての私もそう考えていました。

でも今は違います。

なぜなら、**目の前に展開している現実は、自分の意識と明確な関連がある**ことを、自分自身の体験や、私のセッションや講座を受講いただいているお客様の事例から「確実にそうだ」と言えるからです。


簡単な例を出しましょう。

あなたは旅行先で美味しいお蕎麦を食べてから、お蕎麦の美味しさに目覚めたとします。

旅行先から帰ってきていつもの住み慣れた町並みを歩いていると、「お、こんなところにお蕎麦屋さんがあったんだ」なんて感じで、以前は氣にも留めなかったお蕎麦屋さんの存在に氣付きます。

そうやって歩いているうちに、「あ、ここにも、あそこにも」なんて感じで意外とお蕎麦屋さんが多いことにも氣付きます。

「私が住んでいる街には意外とお蕎麦屋さんが多いんだなー」なんて思うわけです。

その時点であなたの現実は、「私はお蕎麦屋さんが多い街に住んでいる」に変わったんです。


つまり、あなたが「お蕎麦」を意識することで、「お蕎麦」の看板をやたらに目にするようになり、その結果「私はお蕎麦屋さんが多い街に住んでいる」と解釈するようになった。

そう解釈することで、あなたの認識していた街の現実が、「お蕎麦屋さんの多い街」に変わったんです。

きっと似たような経験があなたにもあるはずです。

これは後述する脳の仕組みが関係しているのですが、**人は意識していることや氣にしていることしか見ないし、聞かない**からです。

すなわち、**あなたの目の前に展開している現実は、あなたが意識していること、氣にしていること**なんです。

●引き寄せの法則との出会い

私が意識と目の前の現象との関係を本格的に学ぼうと思ったきっかけが、友人に紹介されて行った「引き寄せの法則セミナー」でした。

それまでは「引き寄せの法則」という言葉はなんとなく知っていたものの、特段興味を持っているという感じでもありませんでした。

そのセミナーが7、8名の少人数で、しかもフランス料理つきで5000円（確か笑）というものだったので、「なんかお得だし、ちょっと面白そう」なんて軽い氣持ちで参加したんです。

セミナーは、引き寄せの法則に関連する本を数十冊読破してその共通項を抜き出した、という内容のもので、それはそれで「へー、そうなんだ」なんて感心したのを覚えています。

ただそれと同時になぜだかわかりませんが、「これって量子論と関係するんじゃないの？」という考えが漠然と浮かんだんです。

私は文系なんですが、もともと最新技術やテクノロジーに関することは好きでしたので、「ちょっと量子論を自分なりに学んでみよう」という感じで、書籍や科学雑誌、テレビ番組、インターネットなどを通じて学ぶようになったんです。

すると、多くの著名な量子物理学者、理論物理学者、脳科学者が、「意識が現実を作っている」という類の発言をされていることもわかり、ますます興味を惹かれていきました。

そしてその学びが深まるにつれて、「確かに意識が現実を作っているのでは？」と考えるようになり、自分なりに検証してみようと思いたちました。

で、自分なりに取り組んでみると、「まんざら嘘とも言えないな」という結果になったため、「じゃあ他の人がやったらどうなるんだろう？」と思い、改めてメソッド化しました。

ほぼ口コミでメソッドの無料モニターを募り、取り組んでいただくことにしたんです。

●上手くいく人、いかない人の違い

のべ100人以上のモニターさんに取り組んでいただきました。

私は学者じゃないので統計的な分析などはしていませんが、100人ものサンプルを見れば、ある程度の傾向はつかめるようになります。

そして、自分なりの分析でなんとなく見えてきたこと。

それは、常識や社会通念的なことに従って「こっちのほうが変に思われない」、「こっちのほうが儲かりそう」、「こっちのほうが損しない」などという思考ばかりで選択している人はあまり上手くいかないということ。

一方で、理論や理屈は抜きにして、「こっちのほうが楽しい」、「こっちのほうが面白い」、「よくわからないけど興味がそそられる」というような、本当の自分の氣持ちや感覚に従って様々な選択をしている人は比較的上手くいっている。


そこで氣付いたんです。

意識と言っても、本当の自分の意識状態と、本当の自分の氣持ちや感覚を押さえ込んだ意識状態があり、それらは全く違う状態であるということを。

本当の自分の意識状態で行動する人は自分の素直な氣持ちに従っているため、「楽しい」、「ワクワクする」、「嬉しい」という意識状態が多く、その結果、さらにそうなる現実を引き寄せている。

一方で、本当の自分の氣持ちや感覚を押さえ込んだ意識状態で行動する人は、「そうでもしないと認められない」、「そうしなければ儲からない」というような不安や恐れの意識状態が多く、その結果、さらにそうなる現実を引き寄せているのです。

●お金やモノ、人は手段でしかない

引き寄せの法則というと、多くの人は「たくさんのお金が引き寄せられる」とか、「意中の人が引き寄せられる」と期待します。

しかし、本質的なことを言えば、**人間が本当に望んでいるのは多額のお金でも、意中の人でもなく、単に感情的に満足すること**なんです。

引き寄せたいお金やモノ、人は、感情的な満足を得るための手段でしかありません。

もっと正確に言えば、感情的な満足を得られるだろうと想定している手段です。

しかし、あくまで手段なので、それらを引き寄せたからといって100%確実に感情的な満足が得られる、という保証はありません。

例えば、たくさんのお金が手に入ったとしても、周りに信頼できる人間がひとりもおらず、家族はバラバラ、いつも猜疑心《さいぎしん》と孤独感に苛《さいな》まれていたら……。意中の人と一緒になれたとしても、実は借金まみれの浪費家で、常に借金取りから逃げ回り、家にもほとんど帰ってこなかったら……。

ちょっと例が極端かもしれませんが、いずれにしてもそんな状態では感情的に満たされないはずです。

●内側を変えると、外側が変わる

多くの人は自分の外側、つまり、環境を変えることで自分の内側である感情を変えようとします。

つまり、人、モノ、金を望ましい状態に変えることで、感情的な満足を得ようとするんです。
でも、多くの場合、その試みが上手くいかず、悩み苦しみます。

案外、あなたもそのパターンを繰り返していませんか？
実は逆なんですよ。

あなたの内側、つまり、潜在意識（無意識）を本来のあなたが望んでいる方向に変えると、外側である環境が変わるんです。

そして、その事実に多くの幸せな成功者や富裕層は氣付いています。
実際にそのような成功者、富裕層の方々が、「なぜそうなるのか科学的な裏付けや理屈を知りたい」と、私の講座やセッションにお越しになる場合が結構あるからです。

で、ちょっと手前味噌になりますが、そういう方々から、「小森さんの説明が一番わかりやすいし、腑《ふ》に落ちる」と言われています。
講座やセッションには普通の会社員の方もいらっしゃれば、経営者、個人事業主など様々な方が来られます。
そして、多くの方が自分の内側、つまり潜在意識（無意識）を本来の自分が望んでいる方向に変えることで環境という外側が変わる経験をされています。

いくつか例を挙げると、

〝退職を決意していた会社で、唯一「やってみたい」と思える新設の部署に異動が決まり、今はワクワクすることと仕事が完全に結びついている状態です〟（東京都、会社員）

〝講座受講を開始した7月から4ヶ月連続で副業の収入がアップし、その後も安定して収入をキープできるようになりました。また、家族や両親からも応援してもらえる機会が増えて、会社員からの独立という目標も実現することができました〟（神奈川県、個人事業主）

〝美容の仕事をしておりますが、今までよりたくさんの仕事をいただき、また仕事内容も、充実してワクワクするような内容の仕事しかしなくていい状態になりました〟

（東京都、美容関係経営）


などなど、挙げればキリがありません。


私は、このような変化は誰にでも起こせると確信しています。

なぜなら、意識の現象化は物理法則ですから。

意識の現象化を実感できないのは、意識のほとんどが潜在意識（無意識）だからなんです。

私自身、根が理屈っぽい方なので、できるだけ科学的な視点で意識の現象化、つまり「引き寄せ」を考え、自分なりに試行錯誤を繰り返しながら実践してきました。

そして、今や、講座やセッションを受けていただいた多くのお客様にも実践いただだき、その効果を実感していただいております。

その変化は、この本を手にとったあなたにもきっと起こるはずです。

目次

第2章 脳の仕組みと引き寄せ

第3章

潜在意識を書きかえる方法①
言葉を整える

第4章 「本当の自分の望み」を見つける3つのワーク

第5章

潜在意識を書きかえる方法②
身体を整える

第6章

「本当のあなた」の能力を覚醒するために

本文デザイン／上坊菜々子（tobufune）
イラスト／こもりみゆき

第1章

引き寄せは物理法則で説明できる

引き寄せの話に入る前に、ちょっと難しいけれど、絶対必要な話をしましょう。

かつて人類は、自分たちの住んでいる場所が真っ平らな平面で、太陽が自分たちの周りを回っていると信じて疑わなかったはずです。

科学が進むにつれ、我々が住んでいる場所は地球という球体で、地球が太陽の周りを回っているということが解明されてきました。

しかし、その一方で、我々の五感で感じる現実は、「住んでいる場所は平面」で「太陽が我々の周りを回っている」という方が真実味がありませんか？

なぜなら、我々が日常の五感で知覚できる範囲だとそう考えた方が自然だからです。

しかし、もはやそれが真実でないことは科学的に証明されています。

つまり、**我々が五感で捉えて確認する真実には限界がある**のです。

真実は我々の知覚を超えたところにあるんです。

宇宙もそうですが、超ミクロの世界も我々の五感で知覚できる範囲を超越しています。

そして、その超ミクロの世界では、我々の想像を絶する現象がすでに確認され、科学的に証明されているのです。

すべてのものは量子からできている

テレビの画面にずーっと近づいていくと、三原色という色の粒になることはあなたもご存じだと思います。

つまり、3色の粒が集まり混ざり合うことで、様々な映像を画面に映し出しているということです。

こんにちは！
量子の世界へ ようこそ！
わかりやすく 説明していきますね
うぃちゃん

そして、究極を言えば、我々の肉体も、あなたの身近にある様々な物質も、小さな粒が集まってできています。

人体の70％を占める水分も以下のように分解できます。

水
↓
分子
↓
原子
↓
原子核・電子
↓
陽子・中性子
↓
素粒子
↓
ヒモ

同じことが、水分以外の人体の構成要素であるタンパク質、脂質、ミネラルなどでも言えます。

究極まで分解すると素粒子というこれ以上分解できない粒まで行き着くのですが、このような**超ミクロの世界の現象を扱う分野が量子論（量子力学）**という物理学です。

ちなみに、原子核以下のミクロ領域を総称して量子と呼んでいます。

そして、この量子の世界では、現在の物理学でも解明されていない謎の現象がいくつか確認されています。

目では見えない
世界なの

量子はエネルギーでもあり、物質でもある

謎の現象のひとつが「量子は波であり、粒でもある」という現象です。

波＝非物質、粒＝物質としたほうがわかりやすいかもしれません。

つまり、**量子は物質になっている時と、非物質になっている時がある**ことが確認されているのです。

しかも、**人間の意識が介在すると物質化し、人間が意識していないと非物質の状態になっている**ことがわかっています。

子供の頃に「だるまさんが転んだ」という遊びをしたことはありますか？

この遊びに例えると、あなたが目をつむって壁側を向いて「だるまさんが〜」と言っている時には、他の子供たちはエネルギーの状態。

で、「転んだ!!」と振り返った時に肉体として物質化している。

……なんてことになります。

信じがたいことですが、量子のレベルではこの現象はきちんと確認されているんです。

これを物理学の世界では「観測問題」と呼んでいます。

なぜ「問題」かというと、量子を観測していると「粒」になっていますが、観測していない時は「波」になっているということがわかっているのですが、なぜそうなるのかは全くわからない。

だから「問題」とされているんですね。

実在している、でも実在していない

そういう現象を考えると、そもそも量子は、人間による観測という行為、つまり意識が介入しない状態では実在しない、となります。

これを量子力学の世界で「非実在性」と呼びます。

かたや古典物理学の世界では、「観測の有無によらず対象は存在する」と考えるのが当たり前であり、これを「実在性」と言います。


量子力学が台頭してきた当初、この「非実在性」という考え方に多くの物理学者は「そんなわけないだろ〜」と異を唱えます。

あの20世紀を代表する天才物理学者であるアインシュタイン博士も、「私が月を見ていない時、月は存在しないのか？」と言い、暗に量子力学を批判したほどです。

でも、量子力学の正確さはのちの実証実験などで次々に証明され、**量子力学の現象を懐疑的に捉える物理学者はもはやほとんどいません**。


今や量子力学は、私たちの生活になくてはならないほど身近な存在となっており、例えば私たちが日々使っているスマホなどの電子機器に搭載されている半導体は、量子力学の理論なしでは作れません。

さらに言えば、量子という超ミクロで確認されていた「非実在性」という現象は、実証実験の技術が進むにつれて私たちに身近なマクロ的世界でも確認されるようになってきています。

つまり、私たちの住むこの世界が「意識なしでは実在しない」とするのは、もはや現実的な話なのです。

ちょっと難しい話になりましたが、ここまでの話は理解できましたか？

あなたが現実で感じる現象とあまりにかけ離れているので、すぐにパッと理解するのは難しいかもしれません。

今までの話のポイントを言うと、**私たちの肉体や、あらゆる物質の元となっている量子はそもそもエネルギー状態で、人間の意識が介入すると物質化する**ということです。

この辺が一番理解に苦しむところですよね。

ここは、量子力学の研究者でさえも完全な意味での理解は難しいと感じている部分ですので、「そういうものなんだ」と捉えておいてください。

量子の源「ゼロ・ポイント・フィールド」

あらゆる物質の元が量子で、その量子はそもそもがエネルギー状態だということは今まで申し上げた通りです。

そして実は、その量子にもさらに先があるんです。

その理論を超ひも理論と言います。

この理論によると、**量子はヒモの振動**だと言われています。そして、量子も厳密に言えばクォーク、レプトンなどの種類があるのですが、その種類はヒモの振動の違いなんです。

ここも難しいので、それほど深く考えなくても大丈夫です。「そういうもんだ」程度で捉えてください。

そして、ここからの方が重要なんです。

その**量子となるヒモがどこから来ているのかというと、ゼロ・ポイント・フィールドという、この空間に遍在しているエネルギーの「場」から生まれています。**

実は、**このゼロ・ポイント・フィールドも、量子力学の重要な発見**と言われています。

残念ながら、このエネルギーフィールドを私たちの五感で知覚することはできません。

私たちの周りの空間には、それこそテレビ、ケータイ、Ｗｉ-Ｆｉなど、あらゆる種類の電磁波（エネルギー）が存在していますが、私たちはそれを知覚できませんよね？

それと同様、ゼロ・ポイント・フィールドもこの空間に遍在していますが、私たちはそれを知覚できないんです。

ですので、このゼロ・ポイント・フィールドも、**「目に見えないけれど存在する」**程度に捉えておいてください。

ちなみに、20世紀を代表する物理学者のひとりであるリチャード・ファインマン博士の計算では、目の前の空間1㎥のゼロ・ポイント・フィールドのエネルギー量で、地球上の全海水を沸騰させることができるそうです。

それほどの膨大なエネルギーが、この目に見えない空間に存在しており、そこからすべての元となる量子が生まれてきているんです。

要点をまとめると、私たちの肉体や周りにある物質の元である量子はそもそもヒモの振動であり、そのヒモもそもそもはエネルギーである。

そしてそのエネルギーは、ゼロ・ポイント・フィールドという私たちが知覚できないこの空間に存在するエネルギーの「場」から生まれているということです。

ということは、**私たちも、この宇宙に存在するあらゆる物質も、すべてはそもそもエネルギーということ**なんです。

私たちの肉体を含めて、この宇宙に存在するすべての物質は量子からできているわけですから。

意識とはなんだろう？

量子はそもそもエネルギーであり、そのエネルギーはゼロ・ポイント・フィールドと呼ばれるエネルギーの場から生まれてくる、というお話をさせていただきました。

ここまででもかなり難しいですよね。あまりにも現実の実感からかけ離れている話ですので……。

ただ、ここからも結構重要な話ですので、もうしばらくお付き合いください。

意識は量子の状態を確定させるエネルギーと言えます。究極を言えば、この宇宙に存在するものは物質かエネルギーのどちらかであり、意識が物質でないことは確かなので、必然的にエネルギーとなるわけです。

そして、大事な点として強調しておきたいのは、**思考＝意識ではない**、ということです。

昔は、「意識とは脳内の電氣信号である」と考えるお医者さんが多かったようです。というのも、思考＝意識と捉えるお医者さんが多かったからで、思考は実際に脳内の電氣信号だからです。

ですが、量子力学的に言えば、「意識がなければそもそも脳がない」となってしまいます。

現に、米「タイム」誌の「世界で最も影響力のある100人」にも選ばれたこともある再生医療の専門家ロバート・ランザ博士は、〝意識は肉体的な死とは別物である上、脳が意識を生み出しているわけではない〟と言い切っています。

当たり前ですが、脳も量子でできており、その量子は人間の意識が介入しないと物質化しないからです。

そうなると、意識とは、「思考とは別の何か」となり、厳密に言えばまだ科学で完全に解明はされていません。

ただ、**何を常に思考しているかが、あなたの意識の向け先に影響を与えていることは確かなこと**です。

例えば、**あなたが「あー、私ってついてないなー」なんて思考している時は、必ず「ついていない自分」を感じる場面や出来事に意識が向いている**からです。

そういう意味では、〝思考している内容＝意識していること〟なんです。

でも逆を言えば、〝意識がそちらに向くから思考が起きる〟とも言えます。

つまり、**ついていないと感じる場面に意識が向くから、「あー、私ってついてないなー」と思考する**ことにもなるはずなのです。

この辺は第2章でも詳しく説明しますが、いずれにしても、思考、すなわち頭の中でつぶやいている言葉と意識の向け先には、明確な相関が見られます。

意識が量子を物質化する

量子はそもそもエネルギーで、そのエネルギー状態の量子を物質化するのが我々人間の意識だということは、この本の最初の方で申し上げた通りです。

実は、科学的に言えば**意識もバイオフォトンという光子（素粒子の一種）で、その光子はあなたの身体全体から発せられている**と考えられています。

そう考えた場合、そのバイオフォトンという意識エネルギーをあなたの周りにある量子に照射すると、それら量子の「時間」と「位置」が決まることになります。

これがいわゆる「波（エネルギー）」の状態だった量子が、「粒（物質）」になるということです。

「粒（物質）」になると自動的に時間と位置が決まるからです。

例えば、あなたという肉体（物質）は、今（時間）、どこか（位置）に必ずいますよね？

あなたの肉体も物理的に言えば物質ですので、位置と時間が確定できるわけです。

逆にいなかったらビックリです。

いなかったら、多分あなたはエネルギー状態です（笑）。

ですので、**素粒子は人間の意識というフォトンを照射する前は、その位置を確率でしか表せません。**

だいたいここらへーん、という感じに。

でも、意識をした時に、この空間のどこかに現れることは決まっているんです。

で、現れた時に「位置」と「時間」が決まる、ということです。

そのことを式にしたものが量子力学の波動関数になります。

事前に決まっている現実はない

厳密に言えば、波動関数は、量子力学の基礎方程式である「シュレディンガー方程式」の解になります。

そのことを説明するとかなりややこしくなるので省きますが、波動関数によると、量子が現れる確率は必ず「1」になります。

ここで言う「1」とは、「どこかに現れるのは決まっている」という意味での「1」になります。

ただ、先ほどから申し上げている通り、意識というフォトン照射により量子が現れる「位置」と「時間」が決まりますので、あなたが何を意識しているかでその位置と時間が決まるということになります。

つまり、**あなたが常に意識を向けていることの確率が限りなく「1」に偏る、つま**

り現実化する、ということになるんです。

あなたが常に意識していることに、量子の位置と時間が偏在することになるんです。

例えば、あなたが常に「豊かさ」を意識していれば、あなたの脳を含めた肉体、周りの空氣（空氣も量子です）、様々な物質や動物、植物などを作り上げている量子が、「豊かさ」の位置と時間に集まり続ける、ということなんです。

これを波動関数で表現するとこうなります。

波動関数で言えば、量子が現れる確率は必ず「1」ですよね。

でも、「1」も細かくしていけば、「0・1」、「0・05」、「0・0002」などのさらに細かな数字の集合体です。

あなたの1日のうちの1分という時間の中での意識分布を考えてみましょう。

1分の中で、あなたが「豊かさ」を意識している割合が90％だとします。

そうなると、量子が現れる確率「1」に占める「豊かさ意識」の割合が「0・9」となります。

これを1分という時間の中の比率で表せば、60秒×0・9＝54秒となり、相対的に他を意識している時間の割合が減りますよね。例えば、豊かさ意識が54秒に対し、欠乏が0・02秒、怒りが0・5秒、不安が1秒などとなるはずです。

つまり、**量子が現れる「位置」と「時間」が限りなく「豊かさ」に偏る**ことになるんです。

そうなると、これも**当たり前のこととして、「豊かさ」を感じる現実が確定し続ける**ということになります。

そういう意味では、あなたの目の前に展開している現実は、「あなたの意識分布の傾向を表している」と言えるわけです。

で、その傾向はそのままさらにそのような傾向が継続する確率となり、さらにそのようになる可能性が高まる、ということです。

ここまでもちょっと難しかったかもしれませんが、おわかりいただけましたか？

以上の通り、**「意識が現象化する」**とか、**「意識が現象を引き寄せる」**というのは量子力学の世界では物理法則として説明可能なんです。

挙げればきりがないですが、世界中の著名な量子物理学者の多くが「意識が現象を作っている」と語っています。

逆を言えば、量子の世界で起こっている現象を合理的に解釈すると、「意識が現象を作っている」としか考えられないわけです。

だから、これは**もはや「信じる、信じない」の話ではない**んです。

物理法則なので、信じていようがいまいが、万人に起こっている現象なんです。

「私は重力を信じていないので、重力の影響は受けません!!」とはいかないでしょ？それと同じことです。

ただ、多くの人は「意識が現実化している」という自覚がないだけです。

なぜなら、その意識のほとんどが無意識（潜在意識）だからなのです。

無意識（潜在意識）のコントロールがカギ

人は1日に約6万回の思考をすると言われていますよね。でも、そのほとんどは無意識です。なぜなら、人間の意識の9割以上は無意識だからです。

で、実際のところは意識をどこに向けるかで思考パターンが決まりますので、**あなたの世界を作っているのは、「ほぼ無意識（潜在意識）」**ということになります。

無意識なので、意識が現実化しているという物理法則を自覚できないんです。

例えば、本人はあまり自覚していなくても、「どうせ無理だよ」なんて思考が無意識の思考パターンで常に起きていたとします。

そうすると、これも波動関数の通り、あなたの身体を含めた周りの量子は「どうせ無理」という状態に位置と時間を確定し続け、それを実現します。

これがいわゆる、よく言われるところの「思考が現実化する」ですよね。

この、「時間と位置が確定する」という現象をシミュレーションゲームで考えてみるとわかりやすいと思います。

例えば、あなたはゲーム機で「人生のシミュレーションゲーム」をやっているとします。ちょっと無理やりかもしれませんが、このシミュレーションゲームには常に「豊かさを意識する」か「欠乏を意識する」の二択しかありません。

そのゲームの中にはあなたの代わりに人生を歩む主人公がおり、その主人公を操るのは当然あなたです。その主人公は仮想の3次元空間の人生を歩むことになるのですが、あなたがそのゲームをやっていない時には、当然その主人公はただのデータ（情報）となっています。

データの状態ということは、波すなわちエネルギーの状態です。

その波の状態の主人公は、あなたがゲームを始めることで初めてゲームの中で実在として現れますよね。その実在として現れた時が粒になった状態、すなわち物質化した状態ということです。

そして、その主人公が実在として現れているということは、その仮想3次元空間の中で主人公の「時間」と「位置」は当然決まっているわけです。

もっと言えば、その主人公だけでなく、主人公の周りの環境の「時間」と「位置」も決まっています。

で、最初に申し上げた通り、このシミュレーションゲームには基本的に「豊かさを意識する」か「欠乏を意識する」の二択しかありません。

仮にあなたが常に「豊かさを意識する」を選択し続ければ、その主人公の身体、周りの環境を含めて、「豊かさ」で時間と位置が確定します。

量子力学的に言えば、人間の意識が介在した時点で量子は粒となり、すなわち「時間」と「位置」が確定するからです。

なので、あなたがゲームの中でも「豊かさを意識する」を選択し続ければ、そのシミュレーションゲームの主人公もどんどん豊かになっていくわけです。

そして、これは何もゲームの中の世界だけではなく、現実の世界もそうなっているはずなんです。

つまり、**今ここで「豊かさ」を意識している、すなわち「豊かさを意識する」を選択していれば、その意識に合わせて、量子の「時間」と「位置」が確定していく。**

量子力学的に考えるとそうなるんです。

なので、今、「豊か」であればあるほど、ますます「豊かさ」を感じる現象が確定していくということになるんです。

思い起こしてみてください。
昔から言われている 諺《ことわざ》も「今そうだから、さらにそうなる」と言っているものが多くないですか？

富めるものますます富む

笑う門には福来たる

泣きっ面に蜂

人を呪わば穴二つ

貧すれば鈍する

などなど、いずれも**「今そうだから、さらにそうなる」**と言っています。

今、これらの諺が最先端の物理学で物理現象として説明できるようになってきているんです。

あなたの意識というフォトン（エネルギー）を受けた周りの量子は、あなたの意識に呼応して素直にあなたの周りを固めていきます。

なぜなら、実際にあなたの周りにある空間、物質、人間などはすべてあなたの意識で確定させている量子でできているわけですから。

ちなみに、あなたの肉体も量子の集合体ですよ。

なので、その量子でできているあなたの環境という3次元空間の大きさも、向きも、景色も、登場人物も、雰囲氣も、すべてあなたがコントロールできるということなんです。

ただ、コントロールが難しいのは、冒頭に申し上げた通り、その意識の大半が無意識（潜在意識）だからです。

ですので、**本当に望ましい状態を引き寄せるためには、この無意識（潜在意識）のコントロールがカギを握る**ことになるんです。

ジャーン
ロボ太です!

どうぞよろしくおねがいします
ペコリ
ペコリ

第2章

脳の仕組みと引き寄せ

前の章では、**意識の現象化（引き寄せ）が物理法則である**こと、また、**その現象化を引き起こしているのが無意識（潜在意識）である**ことを説明しました。

ちょっと難しい内容だったと思いますが、ここまではついてこられていますか？

あなたの目の前の現実をコントロールするためには、どれも必要な知識ですので、きちんとついてきてくださいね。

目の前の現実をコントロールするためには無意識（潜在意識）をコントロールすることがカギになりますが、そこをコントロールするためにまず押さえておきたいのが、脳の機能と仕組みなんです。

次に、この脳の話をしたいと思います。

脳は意識したものしか見ない、聞かない

脳幹網様体賦活系ってご存じですか？

この章でも、いきなりとっつきにくくてすみません。

〝のうかんもうようたいふかつけい〟と読みます。

簡単に言うと、脳内にあるフィルターのような役割をする器官で、英語の省略形でよく「ＲＡＳ」と呼ばれる部位になります。

どのような役割のフィルターなのかちょっと説明しますね。

例えば、あなたに毎日通っている場所があれば、そこを想像してみてください。あなたが会社員だとしたら、ほぼ毎日通っているオフィスがありますよね。

で、突然ですが、そのオフィスの床の色と柄を思い出してもらえませんか？

えっ……ってなりませんか？

正確に思い出せる人もまれにいますが、大半の人はまず思い出せません。「こんな柄と色だったかな～」なんて思い出してみても、いざ確認してみると全然違ってたりします。

間違いなく、ほぼ毎日のように見ているのにもかかわらずです。

実際、かなり見る頻度の多い腕時計の盤面でさえ、いざ絵に描いてもらおうとすると正確に描けない人がほとんどです。

よかったら、あなたも**ためしに腕時計の盤面を描いてみてください**。多分、ロゴの位置とか、長針、短針の形とか、文字の形とか、正確には描けないと思います。

それこそ、オフィスの床以上に、ものすごい頻度で見ているのにもかかわらずです。

では、なぜこのようなことが起きるのでしょう？

その理由が、先にご紹介した、脳幹網様体賦活系というフィルター機能なんです。

このフィルター、いろんな意味で、あなたが意識していること（もの）だけ見る、聞く、という機能を持っています。

逆に言えば、**あなたが意識していないものは、たとえ目や耳に入っていたとしても、実際は見ていないし、聞いていないということになる**んです。

そういう意味では、あなたが、「すべて見ているし、聞いている」と思っていることでも、実際は、「意識した部分だけ見て、聞いている」ということなんです。

目で見ているのではなく、脳で見ている

よく、「この目でしっかり見て確認する」なんて言う人がいますよね。

でも、厳密に言えば目では見ていないんです。

「見る」というメカニズムを言えば、**実際に「見る」のは脳**であり、目ではありません。**目は単なるレンズ**ですので、実は目だけあっても「見る」ことはできないんです。

目というレンズでは何かを捉えていても、実際に見るのは脳なので、脳幹網様体賦活系というフィルターがそれをキャッチしないと見たことにはなりません。

〝実際に見るのは脳〟と言われても、それこそ「なんのこっちゃ？」だと思いますので、もうちょっとそのメカニズムを説明しますね。

まず、目はレンズですので光を捉えます。

そして、目が捉えた光を目の奥にある網膜が感知し、その光を電氣信号に変換します。

その電氣信号が脳の視覚野に伝達され、脳の視覚野は受け取った電氣信号を解釈し、イメージに変換します。

実は、この時点で初めて「見える」んです。

ややこしいですが、これが「見る」メカニズムになります。

ですので、実際に見ているのは目ではなく脳であり、もっと厳密に言うと、**脳内で作り上げたイメージを見ている**ということになります。

そういう意味では、あなたが眠っている時に夢を見ていることと、あなたがぼーっと何かを想像していること、また実際に目の前の何かを見ていることは、すべて同じメカニズムなんです。

つまり、**すべてが脳内のイメージ**なんです。

同じ現実はない、ただ解釈があるだけ

このように、人間は意識したものしか見ていません。

さらに言えば、意識したものを脳内でイメージとして作り上げ、それを見ているんです。

ということは、どういうことなのか?

簡単に言うと、**人それぞれで現実が変わるということです。あなたが何を意識して**

いるかで、あなたの目の前に現れる景色や現実が変わるということです。

簡単な例で説明しますね。

あなたは、普段歩き慣れた街を歩いている時、突然、歯が痛くなってきたとします。「うわー、これは痛い。大変だ〜」なんて思って街を見渡すと、「結構たくさん歯医者さんの看板があるな〜」なんて氣付いたりします。

そうすると、その瞬間からあなたの現実は、「この街には歯医者が多い」という現実に変わるんです。

この理屈はおわかりいただけますかね？

多分、似たような経験はあなたにもあるはずです。

この話は脳科学（ｏｒ認知科学）の領域になりますが、ここに、量子論（量子力学）の解釈を入れると、さらに「意識が現実を作っている」という理解がより深まると思いますよ。

量子論や脳科学をベースに引き寄せの法則を考えると、**意識した時点で量子（素粒子）の状態が確定し、意識しているので脳が認識する範囲も決まり、その範囲をどう解釈するかでその人の現実が決まる**、ということになります。

ですので、物理学者や脳科学者は「万人に同じ現実はない、ただ解釈があるだけ」と言います。

先ほどの歯医者の例の通り、あなたの住む街には歯医者が多いという現実は、あなたが「歯医者」を意識し、「多い」と解釈したからです。

で、ここからがさらに重要な話になります。

「信じていることを信じたい」

実は、**あなたが何を意識し、それをどう解釈するかは、「無意識領域で固定化された思考パターン」がそのほとんどを担っているん**です。

脳は人体エネルギーの20％を消費する「大飯食らい」なので、なるべく省力化してエネルギー消費を減らそうとします。なので、すぐに思考をパターン化して、余計な思考を減らそうとするんです。

そして、**この固定化された思考パターンが「思い込み（観念）」と言われるもの**で、もっと簡単に言うと、**「あなたが信じていること」**です。

そして、その信じていることがあなたの目の前で「現実」として現象化します。

これは第1章で説明させていただいた通り、あなたが意識することで、あなたの肉体を含め、現実を作っている波（エネルギー）の状態の量子が、粒（物質）となるからです。

つまり、現実として現象化するということです。

あなたはその現象化した「現実」を見て、さらに「そういうものだ」と確信します。

確信しているので、ますますあなたの前でそれが現象化します。

つまり、

思い込み　→　現象化　→　確信　→　思い込み　→　現象化　→　確信

という無限ループとなり、あなたの無意識に「それが現実だ」という確信とともに蓄積していくのです。

そして、人には基本的に「信じていることを信じたい」という欲求があります。信じていることを信じたいので、信じられないことが起きても、「ウソ〜、信じられない」なんて言って容易には信じません。

あなたが今まで信じてきたことを、あなた自身で否定したくないからです。

たとえそれが、あなたに望ましくない状況を引き寄せることだとしても、深層心理は「それを信じたい」と思っているんです。

だから、信じていることをなかなか変えようとしないんです。
ここがある意味厄介なんですよね。

真実・現実の大半は単なる「思い込み」

ここではっきりさせなければいけないことがあります。
それは、**あなたが信じていることのほとんどは真実ではない**ということです。
あなたが勝手に、「それが真実だ、現実だ」と解釈（認識）したことです。
だから、あなたの目の前に、「真実、現実」として現れているんです。
ただそれだけなんです。

そして、あなたが、「真実、現実」と認識していることの大半は単なる「社会通念」であったり、他人や社会から植え付けられた「思い込み」です。
成功するためには、幸せになるためには、辛いことでも、つまらないことでも、苦手なことでも我慢してやって、さらに人一倍の努力をしなければならない、とか。

良い成績をとって、良い学校に行き、良い会社に入り、高い地位につき、お金をたくさん稼ぎ、高い服を着て、良い地域に住んで、高級車に乗り、良い家に住めば成功、そして幸せになれる、とか。


多くの人々はこのような社会通念に従って、

「年収を〇〇万円に上げよう！」

「高い地位につけるようになろう！」

「来年までに××を手に入れよう！」

などと考え、ひたすら頑張ります。

そして、大抵の人はそれを達成できず、苦しみ、落ち込みます。

また、運良く達成できたとしても、**何か腑に落ちなかったり、違和感を覚えている人も実は多かったりする**んです。

本当のあなたは、本当にそれを求めているのか？

達成できないならまだしも、なぜ達成できた人も違和感を覚えるのでしょう？


単純なことなんです。

それは、**達成したことが本当の自分が求めていたことではないから**です。


本当に求めていることではないので、無意識（潜在意識）の奥にしまいこまれた本当の自分は抵抗します。

「違う、違う、そうじゃない」

「そっちじゃないんだよ」

という具合に抵抗するわけです。

だから、なかなか上手くいきません。

それでもなんとか頑張って達成したとしても、**本当の自分は「それは違うんだよ」と訴え続ける**ので、満足感を得られず違和感を覚えるのです。

言ってみれば、本当の自分はひまわりなのに、社会通念が「バラになることが幸せだ」、「バラになることが成功なんだ」と必死に訴えることで、「私もバラにならなければ……」と思い込んでいる状態です。

そして、この状態で本当に幸せになれるのは、バラだけです。なぜなら、すでにバラなのだから……。

バラはただバラでありさえすれば立派に花を咲かせられます。他の何かになる必要はないんです。

それと同様に、ひまわりはただひまわりでありさえすればいいんです。

そこに努力は要りません。

ただ、ひまわりであることを自覚し、ひまわりであり続けさえすればいい。そうすれば自然に立派なひまわりの花を咲かせられます。

これが自然の摂理、すなわち物理法則です。

だから、あなたも、社会通念、常識、世間体、見栄などに惑わされることなく、**本当の自分を見極める必要がある**んです。

自分の望みを自覚し、
それに従って生きる

本当のあなたは、どんなあなたでありたいのか。
何に喜びや充実を感じるのか。
何を本当に大切だと感じているのか。

それらを自覚して、「そういう自分であろう」と決意し、そうあり続ければ、自然と大輪の花が咲きます。

なぜなら、本当のあなたになった瞬間から、意識、思考パターン、心身状態も変化し、それに従ってあなたの周りの現実も変化し始めるからです。

これは、社会通念や常識などに囚われて、「別の何かになろう」とひたすら努力することとは無縁の世界です。

ただ本当の自分でありさえすればいいんです。

そうすれば、それこそ自動的に、本来の自分にとって望ましい状況が引き寄せられるということになります。

実は、これが、**誰もが上手くいく引き寄せのパターン**なんです。

「脳幹」で自分の生き方がわかる

ここまではなんとなくおわかりいただけましたでしょうか？

多くの人は本当の自分の望みと違うことにフォーカスして、それを引き寄せようと一生懸命になるので、なかなか上手くいかないんです。

なので、本当の自分の望みを知り、それに従って生きるということが本当の引き寄せを発動させるカギなんです。

そして、本当の自分を生きるということを実践する上で重要な機能を担う脳の部位があります。

脳幹網様体賦活系というフィルターが脳に送る情報を「意識」で選別している、というお話をさせていただきました。

で、この脳幹網様体賦活系ですが、脳の中でもかなり深いところにあります。

脳の構造を簡単に分けると3層構造になっています。一番外側の層が大脳新皮質と呼ばれる層で、人間的な思考をする層となり、2層目が大脳辺縁系と呼ばれる層で別名感情脳とも言われます。

そして、一番奥にあるのが**脳幹**と言われる部位で、生命維持や本能的反射などを担っています。

脳の中でも一番重要と言われている部位で、なぜ重要かというと、この部位なしで

はそもそも生きられないからです。

で、脳幹網様体賦活系はこの脳幹と呼ばれるところにあるんです。

そして、脳幹は尾てい骨まで伸びる中枢神経とダイレクトにつながっており、医学的に脳幹は「中枢神経系を含む」となっているので、厳密に言えば「脳は尾てい骨まで」となります。

実は、この**脳幹（中枢神経系を含む）の反応で、その人が今「どのように生きているのか」がわかってしまう**んです。

つまり、本当の自分の望みに従って生きて

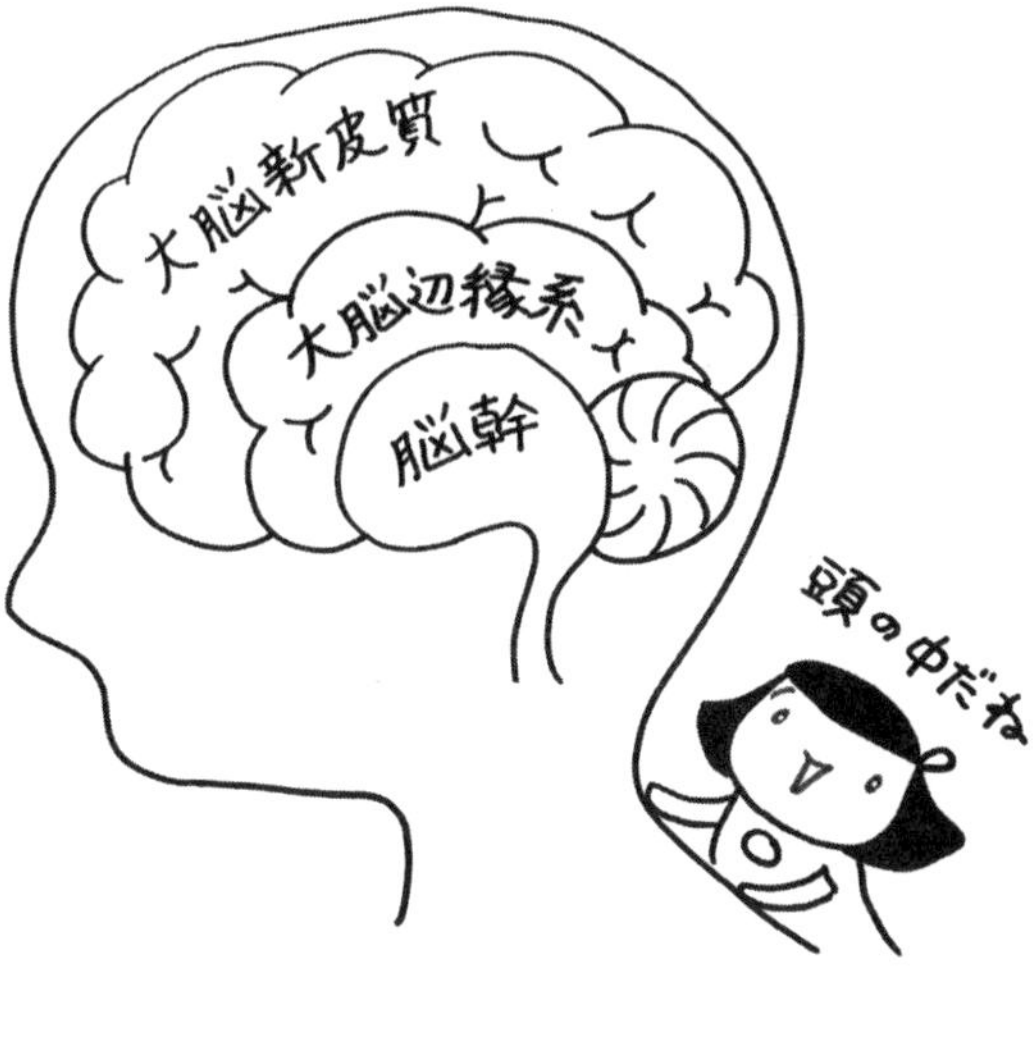

いるのか、それとも本来の自分の望みとは違う、社会通念、常識、世間体、見栄などに従って生きているのかがわかるんです。

脳幹の状態をチェックするには

脳幹は本能的な反射や生命維持を担っている部位です。

この脳幹の反応を確かめる方法として簡単なのは、まさに身体の本能的な反射を確認する方法です。

まず、**身体の力を抜いた自然体の状態で足を肩幅ぐらいに開いて立ってい**ただきます。

その状態で**左右、前後、上下などいろんな場所を押したり引っ張ったりして**みます。

その際に、本当の自分ではない状態、つまり、**社会通念、常識、世間体、見栄などに意識が囚われている人は大抵フラフラするん**です。

これは脳幹がきちんと反応していない、つまり**脳幹による本能的反射が上手く機能していないということ**です。

逆に、**本能的反射が機能している人は力を抜いた状態でも押された瞬間に脳幹がきちんと反応するので、ビシッとして動きません。**

そういう人は本当の自分の望みに従って生きている人です。

意識が本当の自分の望みに従っているので、脳幹も本能的な違和感を覚えることがなく、身体の軸もピシッとしているんです。

意識と身体が密接につながっているのは医学的にも認められている事実です。

だから胃潰瘍になると、お医者さんは「なんか思い悩んでいることないですか？」

と聞いたりしますし、心療内科のお医者さんが患者さんを片足で立たせてバランスを確認したりするんです。

同様に、本当のあなたの意識が違和感を覚えたり迷いを感じていると、その意識が脳幹の本能的な反射にダイレクトに現れます。つまり、「身体がフラフラする」という反応が出るんです。

逆に本当の自分の望みに従っていると、確信感が高まり迷いも消えるので、それに合わせて身体の状態もピシッとするわけです。つまり、脳幹も本能的な矛盾を感じないため、きちんと反応しているんです。

私はこの方法で何百人も試していますが、

ととと
グラ゛
軸がブレていると
カンタンにバランスが崩れる
ブレてないと
バランスは崩れない

今のところ例外はひとつもありません。

天才やイノベーターの脳幹

いわゆる天才とかイノベーターとか呼ばれるような成功者は、ほぼ例外なしに脳幹が活性化しています。

脳幹が活性化しているので、選択や決断をする際に感覚を使うことが多いんです。

つまり、良い感じがするもの、ワクワク感があるものを選択し、違和感があったりピンと来ないものは選択しない、ということです。

脳幹には言語がありませんので、すべては感覚という身体の反応に現れます。

その**感覚という身体の反応に忠実に従っているん**です。

一方で、現状が上手くいっておらず、行き詰まりを感じているという人の多くは、

選択や決断の基準がすべて言語だったりします。

その場合の言語というのは大抵常識、社会通念、世間体、他者との比較などに基づくものです。

有利になるか不利になるか、損するか得するか、見栄えがいいか悪いか、常識的か否か、などという言語の判断で選択、決断しているんです。

当たり前ですが、そのような判断基準はそもそもあなたに備わっていたものではなく、のちに社会や世間から植え付けられたものです。

つまり、本当のあなたの基準で選択しているのではなく、社会や世間から植え付けられた知識を基準に選択しているということなんです。

その基準があなたの本当の望みと一致していれば良いですが、大抵は一致していなかったりするんです。

そうすると、これも当然のこととして、あなたの本能は違和感を覚えますので、それが身体のフラフラ感という反応に現れるというわけです。

天才の脳の使い方

あなたは天才と言うと誰を思い浮かべますか？

アインシュタイン、エジソン、モーツァルト、羽生善治《はぶよしはる》？　まー、いろいろ思いあたる人物はいると思います。

天才はよく「脳の使い方が常人とは違う」と言われていますよね。

脳の使い方が常人と違うということは、いろんな意味で多くのことが常識的でなく、簡単に言えば「非常識」。

そういう傾向は天才によく見られますよね。で、実際に**脳の使い方も非常識**なんです。

普通の人は、脳を主に何に使っているかというと**「思考の道具」**として使っています。

もちろん天才と言われる人も「思考の道具」として使うのですが、それ以外の目的で使用していることも多い。

どういう目的で使用しているかと言うと、**「受信する道具」**として使っているんです。

受信機として脳を活用する

世界的に著名な物理学者であり哲学者でもあるアーヴィン・ラズロ博士はこんなことを言っています。

〝脳とは、究極の保存媒体であるゼロ・ポイント・フィールドに対する、単なる検索・読み出し機構に過ぎない〟

「ん、なんのこっちゃ⁇」って感じですかね。

ゼロ・ポイント・フィールドは第1章でも説明しましたが、ラズロ博士曰く、脳とは、このゼロ・ポイント・フィールドという「場」にアクセス、検索して、情報を引き出す装置だ、ということです。

実は、そのような目に見えない「場」に私たちは常にアクセスしている、という説を唱える学者さんは他にも大勢います。

ケンブリッジ大学のシェルドレイク博士もそのおひとりで、彼はその「場」を「形態形成場」と呼んでいます。

我々人間を含めた動植物すべては、種ごとにそのような「場」を持っており、その「場」に情報を上げながら、その「場」からも情報を引き出していると言います。

つまり、私たちは単に自分の脳だけで考えているのではなく、そのような「場」にアクセスしながらなんらかの情報を得ている。

そして、**天才と言われる人たちは、この「場」にアクセスする能力にたけている**というわけです。

「松果体」という受信機能

脳幹の構造をもう少し詳しく説明すると、脳幹の中に「間脳」という部位があり、さらにその中に「松《しょう》果《か》体《たい》」と言われている部位があります。

松果体という部位の機能にはまだ謎が多いのですが、どうやら受信機のような役割を果たしているらしい、と言われています。

インターネット
ゼロ・ポイント・フィールドと脳は
インターネットとスマホみたいな関係

松果体細胞は、目の奥にある光受容器細胞に似ているので、何らかの受信機能を持っていると考えられているからです。

実は、かつての脊椎《せきつい》動物は皆頭頂部に「頭頂眼」という部位があったのですが、松果体は、その「頭頂眼」という部位と「源を一にする器官」と言われているんです。

つまり、松果体は目と同様、なんらかの情報を受信するための部位と考えられているんです。

ですので、**脳幹が活性化している人は、この松果体もきっちり受信機として機能している**はずなんです。

だから、**必然的にインスピレーション、直感、ひらめきが得やすくなる。**

恐らく松果体が受信機となり、「ゼロ・ポイント・フィールド」、あるいは「形態形成場」から、本当の自分が必要としている情報を得ているんです。

それが実際に天才性の発揮という形で現れているんだと思うんです。

そういう意味では、**脳幹を活性化し、その反応に忠実に従っていれば誰でも天才になれる!!**

そして、それは本当の自分が求めていることに忠実でもある、ということです。

だから、それが本当の満足感となり、その満足の意識状態がさらなる満足を引き寄せる。

本当のあなたが求めていることに従うこと、すなわち、脳幹の反応に従うことが、ゼロ・ポイント・フィールドという「場」とつながることであり、それが結果的に本当の満足を引き寄せる。

そういう仕組みになっているんだろうと思うのです。

この章では主に脳の仕組みと意識の関係を説明させていただきましたが、理解できましたか?

次章では、本当の自分の意識を取り戻し脳幹を活性化する方法、すなわち、無意識

（潜在意識）を本当に望んでいる自分の意識に書きかえる具体的な方法に触れていきたいと思います。

やっぱり実際の現象化を起こしている無意識（潜在意識）をコントロールすることが大事ですから。

第3章

潜在意識を書きかえる方法①
言葉を整える

前の章では脳の仕組みと引き寄せの関係について詳しく説明させていただきました。
難しい言葉なんかが結構出てきましたので、ちょっと難解だったかもしれませんね。
ただ、脳の仕組みから言っても、やはり現実は自分の意識が作っているということ、
また、本当の自分を発揮することが今まで眠らせてきた本当の能力を覚醒させること
にもつながる、ということをきちんと論理的に理解することは非常に重要だと思って
います。

子供はよく「なんで？　なんで？」としつこく聞いてきたりしますが、これも人間
が本来きちんと理解したいという欲求を持っていることの表れです。

現に、きちんと理屈で理解できた方が、安心感が上がりませんか？

そしてこの**安心感が実は重要**だったりします。

なぜなら、**「本当かな～？」などという疑いの意識が根底にあったら、その疑いの状態が現象化する**からです。

その理屈も今まで説明してきた通りです。

さて、第1章で、意識の現象化（引き寄せ）が物理法則であること、また、その現象化を引き起こしているのが無意識（潜在意識）であることを説明しましたよね。

つまり、目の前の現実をコントロールするためには無意識（潜在意識）をコントロールすることがカギになるんです。

この章では、無意識（潜在意識）をコントロールするための具体的な方法に触れていきたいと思います。

侮れない言葉の影響力

バクスター効果ってご存じですか？　ポリグラフ（嘘発見機）の第一人者で元CIAの尋問官だったクリーブ・バクスター氏が発見した現象です。

彼が発見した現象とはこんな感じです。

彼が研究所での仕事中、室内にあった観葉植物にポリグラフをつないで組織内の水分の動きを分析しようと思いつきました。

その作業を続ける中、ふと「観葉植物を燃やしてその反応を試してみよう」と思ったんです。

そうしたら、彼がそう考えただけで何も行動していないにもかかわらず、ポリグラフは突如強い反応を示したそうなんです。

この結果に興味を持ったバクスター氏は、他の人間の思考、動物の挙動への植物の反応なども検証してみることにしました。

それらの検証を重ねた結果、彼は「植物は他者の思考を読み取り感情的に反応している」との結論に至ったんです。

また、世界で初めて無肥料・無農薬でのリンゴ栽培に成功した木村秋則さんもこんな経験談を話されています。

木村さんはリンゴの木、1本1本に、感謝や褒める言葉の声かけをする習慣があるそうなのですが、実験も兼ねてある1本の木にはあえて声かけをしなかったら、その木だけ枯れてしまったと……。

エネルギーを強める言葉、弱める言葉

「それは単なる偶然では？」

もちろんそう捉えることもできます。

ただ、私がセッションや講座などでやっている実験も、「頭の中で発している言葉が自分の身体や他人の身体に影響している」としか思えない結果が出たりするんです。

簡単に言えば、**頭の中で発している言葉で、身体の筋力的な反応が著しく変わる**んです。

感謝、尊重、受容などを意味する一般的に「良い」とされている言葉を頭の中でつぶやくと筋力は強まりますが、怒り、妬み、悲しみなど「良くない」とされている言葉をつぶやくと途端に弱まります。

本人は同様に力を入れているつもりでも、実際の身体の反応はまるで違うんです。

大金持ちで有名な斎藤《さいとう》一人《ひとり》さんも、その人の運を良くする「天国言葉」と、運を悪

くする「地獄言葉」がある、とおっしゃっています。

私もこれは真実だと思います。

なぜならば、先に述べたように、頭の中や口に出している言葉によって身体の力が全く変わるということは、イコール**「身体の良い状態は言葉で作れる」**ということになります。

そして、**身体が良い状態になるとそれに意識も引っ張られるため、結果的に現実もその意識に合わせて良くなっていく**からです。

詳細は後述しますが、私は、「多くの人は自分が無意識に発する言葉で現実を作っている」ということに氣付き、自分が無意識に発している言葉を自覚し、意図的に良い言葉に変換しようと心がけるようになりました。

そうしてから、私自身、特に仕事関係、経済状態がかなり改善していきました。

頭の中でつぶやく言葉は思考であり、物理的に言えば思考は脳内の電氣信号です。電氣信号ということは、そこに必ず電波、電磁波などの「波」が生じています。

そして、私たちの筋肉も基本的には電氣で動いていますので、同様に「波」を出しています。

そう考えると、波でも共振・共鳴してさらに大きく増幅する波もあれば、逆にその波を打ち消す波もあるはずなんです。

つまり、**あなたのエネルギーを強める思考（言葉）もあれば、エネルギーを弱める思考（言葉）もある**ということです。

一流の人が使う言葉

日本にも昔から「言霊《ことだま》」という言葉があるように、その言葉自体にパワーがあります。これは経験してみたらわかりますが、厳然たる事実です。

そして実は、一流の人と普通の人との違いは、「単に使う言葉が違うだけ」とも言われています。

簡単に言えば、**「一流と言われる人は意識して良い言葉を使い、普通の人は無意識**

に悪い言葉を使っている」ということです。

実は、大きな違いはこれだけらしいのです。

つまり、**一流の人**は、

ありがとう

嬉しい

楽しい

すごい

素晴らしい

幸せ

えらい

豊かだ

ついてる

などの言葉を意識して使っている。
かたや**普通の人**は、

ダメだ
最悪
ついてない
ムカつく
バカじゃないの
死ね
くそっ
金がない

などなど、書いていてもなんか氣分が悪くなりますが（笑）、こんな言葉を無意識に使っている。

そして、この言葉の積み重ねが実は大きな違いを生んでいるんです。

つまり、これが一流と普通を分ける些細だけど大きな違い、ということなんです。

実際、「人は言葉でできている」と言えます。

思考も言葉ですし、コミュニケーションも言葉、何かを定義する時も言葉を使っています。そして、それら日々何氣なく使っている言葉通りにあなたはできているはずなんです。

「あー、ついてないなー、最悪」なんて言葉を日々何氣なく使っている人は、**ついていない、最悪を感じる現実を生きている**はず。

「いやー、私ってすごいなー、最高!!」なんて言葉を日々何氣なく使っている人は、**「自分はやっぱりすごい!!」と自覚する人生を生きている**はず。

あなたの周りの人を見回してみてください。その人が何氣なく発している言葉通りになっていると思いませんか?

無意識の思考パターンをコントロールする

このような、何氣なく日々使う言葉を生んでいるのが、無意識の思考パターンです。で、もっと厳密に言えば、無意識の思考パターンが生まれるのは、無意識（潜在意識）が何を意識しているか、です。

つまり、**無意識（潜在意識）が何に意識を向けているかで思考パターンが変わる**んです。

意識がフォトン（光子）という量子であり、あなたの身体やあなたの周りの量子の状態を確定させるエネルギーということは第1章で説明しましたよね。

あなたが不足と不満を意識していれば、あなたの身体やあなたの周りの量子の状態を「不足と不満」で確定させます。

あなたが喜びと豊かさを意識していれば、あなたの身体やあなたの周りの量子の状態を「喜びと豊かさ」で確定させます。

つまり、あなたの意識で確定させた周りの量子状態（あなたの現実）をあなた自身が見て、あなたの思考（言葉）が生まれるわけです。

なので、いつも不平不満に意識を向けていれば、そういう現実が確定し、その確定した現実を見て不平不満の思考（言葉）が生まれる。

で、不平不満の思考により、さらに不平不満を意識するようになる……。

いやー、怖いですねー。まさに**負のスパイラル**です。でも、多くの人はこれをやっていたりします。

しかも無意識に。

なので、**この連鎖を断ち切る**ことが重要なんです。**断ち切った上で、逆のスパイラルを回す**んです。

そして、その**逆スパイラルを回す一番簡単な方法が「言葉を変える」ということ**です。

別に心がこもっていなくても、氣持ちが入っていなくてもいいんです。とりあえず言葉だけでも変えちゃうんです。

言葉自体にパワーがあるので、それでも大丈夫です。

意識で全てが確定しているこの世界をコントロールするには、意識をコントロールするしかありません。

でも、その意識の9割以上は無意識（潜在意識）なので、厳密に言えば、**無意識（潜在意識）をコントロールしないと現状は変化しない**んです。

で、良い言葉を意識して使う、ということが、ある意味で無意識をコントロールすることになります。

無意識に使っている良くない言葉（思考パターン）を相対的に減らすことになるからです。

人は1日に約6万回の思考をすると言われています。

その9割が無意識だとすると、5万4000回の思考は「無意識の思考（言葉）」ということになります。

その5万4000のうち、半分の2万7000を「良い言葉（思考）」に変えたらどうなるか？

当たり前ですが、環境は良い方向に改善していきます。なぜなら、これは物理法則ですから。

意識的に使うべき言葉

では意識的にどんな言葉を使ったらいいのか？　ということになりますが、基本的には**感謝、尊重、受容、鼓舞、幸せ、豊かさなどにつながる言葉**です。

それは何も他人に対してだけでなく、自分に対してもですよ。

ありがとうございます、素晴らしい、楽しい、幸せだ、豊かだ、などなど挙げればきりがないですが、それらの言葉を意図的に使うのです。

先ほども申し上げた通り、別に心がこもってなくてもいいんです。言葉だけでもいいんです。とりあえず使っていくんです。

そして、**できれば、その言葉を身体全体で味わう**感じで使ってみる。

例えば、「豊か」という言葉をつぶやいたり思考したりするなら、豊かさを身体全体で感じてみるんです。

それがどんな感じかわからなくても構いません。**なんとなくでいい**んです。なんとなくでも構わないので、身体全体で味わってみる。

少なくとも、「豊か」という言葉を味わう時に、眉間にシワを寄せて、身体全体を硬直させて、怒った顔をしながら、ということはありませんよね？

それは、本能的に「逆だ」ということを知っているからです。と、いうことは、その逆をやってみればいい、ということです。

ただ、これも完璧に「言葉を味わわなければ！」なんて躍起にならないでくださいね。こういうことを完璧にやろうとすると必ず無理が出ます。そして、できない自分を「やっぱりダメだなー」なんて責めだします。

そうしたら、また元の木阿弥《もくあみ》です。

なので、こういうことに取り組む時は、**「ゆるく、適当に」**でいいんです。それだけでも効果はありますから。

しかし一方で、実は注意すべき言葉がいくつかあります。

それはどういう言葉かというと、良いと思い込んでいるけれど、実際は身体の反応が弱まる言葉です。

つまり、使うのを控えた方がいい言葉です。

一般的には良いとされ、多くの方がほぼ毎日のように使っている言葉ですので、特に注意が必要です。

次に、特によく使いがちな注意すべき言葉を説明しますね。

「どこがダメなんだろう?」に注意

少しでも前進、改善、進歩発展するためには、ダメなところ、不足している部分を見つけて、そこをなくしていく。

私たちは、長い間「そうするのが良いこと」と躾《しつ》けられ、教育されてきました。

学校の教育システムも基本的には「100点取るのが偉い」という仕組みですので、

「100点を取るためにはダメな部分をなくす」という思考が自動的に働きます。

そのため多くの人は何か上手くいかなかったり、思うようにならないことがあると、「どこがダメなんだろう?」とごく自然に思考しています。

それは会社などの組織についても同じことが言えます。


ただ、量子力学的に言えば、このような思考パターンだとなかなかダメな状態から抜けられません。

それはなぜか?

「どこがダメなんだろう?」と思考している前提の意識はなんですか?

その前提の意識は間違いなく**「今はダメ」**です。「今はダメ」という意識なので、まずは「ダメ」という量子状態が確定します。

そして、「ダメ」が確定した量子の状態を行動でひたすらカバーし続ける。

そんな状態なんです。

そりゃあ、苦しいですよねー。いわば、下りのエスカレーターを一生懸命駆け上がっているような状態です。

後であなたにも実験して欲しいのですが、「どこがダメなんだろう」とつぶやいているい時、身体の力は確実に抜けます（実験方法は123ページ）。

「どうすればさらに良くなるだろう？」に変換

じゃあ、その代わりにどんな言葉を使ったらいいの？

当然そう思いますよね。

「どこがダメなんだろう？」という言葉を以下の言葉に変換して欲しいんです。

それは、**「どうしたらさらに良くなるだろう？」**にです。

一見大した違いはないように思えますが、前提の意識がまるで違ってきます。

「どこがダメなんだろう？」は前提が「今はダメ」ですが、「どうしたらさらに良くなるだろう？」は前提が「今も良い」です。

この違いがとても大きいんです。

現に、「どうしたらさらに良くなるだろう?」とつぶやいている時は身体の力が抜けないばかりか、逆に強くなったりします。

つまり、身体が良い状態になっている、良い状態で確定している、ということです。

当たり前ですが、私たちは機械ではありません。意識を持った人間です。

機械は不具合の起きた部分を見つけて直せば良くなりますが、人間は逆に意識で確定できる能力があるので、拡大してしまうんです。

人間を機械と同じように扱ってはダメなんです。

なので、基本的に人の**ダメな部分は放っておいていい。**

それよりも良い部分を見つけて拡大していく。

そのほうが確実に良くなっていきます。

そのためには無意識で使っている「どこがダメなんだろう?」という思考パターンを、「どうしたらさらに良くなるだろう?」に変換していってください。

「頑張る」は自己卑下につながる

私たちは通常「頑張る」という言葉を、自分を奮い立たせたり、相手に奮起を促すような良い言葉として使っていますよね。


「よーし、頑張ろう!!」

「もっと、頑張れー!!」

「ぜひ頑張ってください!!」

「はい、頑張ります!!」

「よく頑張ったね!!」


などなど、日常的に良い言葉としてたくさん使われています。

でも、これもワーク（オーリングテスト。123ページ参照）をしてみればわかりますが、**頭の中や声に出して「頑張ります」とつぶやいている時は人間の筋力は弱まる**んです。

実際に私の講座やセッションでは「頑張ります!!」という言葉をつぶやきながら、その時の力の出具合を測ってみたりするのですが、大抵そうつぶやいている時の方が力が弱まります。

つまり**生体反応が弱まる**ということです。つまり**本来持っているはずのエネルギーが抜けている**んです。

なぜ「頑張る」という言葉を思考したり声に出すと力が弱まるのか？

ちょっと不思議ですよね？

でもこれにもちゃんと理由があります。

それこそ深層心理が関係する理由が、です。

実は「頑張る＝我を張る」とも言われています。「我を張る」ということは、他人と比較して「俺が俺が、私が私が」と自分の凄さや優位さをアピールする行為です。

で、なぜ自分の凄さや優位さをアピールするかというと「そうでもしないとわかってもらえない」、「そうしないと認められない」、「そうしないと優秀と思われない」という**恐れや不安の意識があるから**です。

「そうでもしないと認めてもらえない」という恐れが、「私が私が」と頑張ることになる。

つまり、そのような「頑張る意識」が自動的に「自己卑下」につながっているんです。

生体反応に現れる言葉の力

「頑張らないと認められない、評価されない」という意識は、まぎれもなく「自分はその程度」という自己卑下の意識です。

これはビジネスにしてもそうなんです。

「お客さんに頼まれたから仕方なく……」

「お客さんの言うことを聞かないと逃げられる……」
「だから頑張らねば!!」

という思いも、前提の意識は自分の卑下です。

「(そうしないと自分はダメだから)頑張る!!」では、その前提の「自分はダメ」という意識状態が現実化するんです。

だから、ビジネスもなかなか好転しない、となるんです。

そして、それが顕著に、しかもすぐ現れるのが「あなたの身体による生体反応」というわけなんです。

なぜならば、あなたの身体も量子の集合体ですので、「ダメ」と意識しているから、身体も「ダメ」になる、というとても正直な反応です。

さらに付け加えて言えば……。

「頑張らなければ!!」という意識の時に体内で働いているのは「交感神経」です。交感神経は、緊張やストレスを抱えている時に働く神経で、交感神経が働いている時は、あなたの筋肉や表情はだいたい硬い感じで硬直しています。

で、そういう状態の時は、大抵何をやっても上手くいきません。

不安と恐れの波動が身体から出ており、その影響を周りの分子や原子が受けているわけですから。

つまり、場の雰囲氣も「上手くいかない感」に支配されているわけです。

だから実際なかなか上手くいかないし、仮になんとかなったとしても、すごく大変な思いをしたりするんです。

「最高の自分を発揮します！」

「でも、家族のために頑張るとか、社会のために頑張るとかあるでしょ？　これも自己卑下で上手くいかないの？」

これも上手くいかない、とは言いませんが、最も望ましいのはその逆なんです。

「最高の自分を出すことが、結果的に家族や社会、ひいては世界への貢献につながる」ということです。

つまり、**今の自分のベストを発揮する、最高の自分を出す、という意識だと力が抜けない**んです。

この言葉には自分の卑下は入っていないんです。

そして、他者との比較も入っておらず、ただ「自分のベストを出す」というところに意識がいっているだけなんです。

試しに、「最高の自分を発揮する」でも、「自分のベストを出す」でも良いのですが、そういう言葉をつぶやいたり思考しながらオーリングテストをしてみてください。

「頑張ります」とつぶやいている時と比べて格段に強い反応になるはずです。

なぜなら、「最高の自分」に意識が向いており、それに身体が反応しているからです。

さらに言えば、自分だけに意識が向いていれば、割と落ち着いたリラックスした状態でいられます。

こういう時にあなたの身体の中で働いているのは「副交感神経」です。

副交感神経は、休息している時や、リラックスしている時、またはワクワクしながら何かに集中している時などに働く神経です。こういう時は、あなたの表情は緩んでおり、身体の筋肉も弛緩《しかん》した状態です。

そして、このような状態で取り組むことは、大抵上手くいきます。

楽しさ、嬉しさ、リラックス、自然体のエネルギー（波動）があなたから出ており、その影響を周りは受けるからです。


で、さらに言えば、**そういう状態の時は、脳波がα《アルファ》波か、浅いθ《シータ》波になっているはずです。**一種の瞑想状態で、**こういう時に人はインスピレーションやひらめきを得やすくなります。**

量子力学的に言えば、ゼロ・ポイント・フィールドにアクセスして情報を引き出しやすい状態、というわけです。

そして、**そのようなひらめきが得られれば、さらにどんどんトライしたくなるアイディアが出てきたりします。**

そのような状態で取り組んでいることの結果は、もう言わずもがなですよね。

アスリートなどは割と顕著にこの傾向が出ていると思います。

日本のトップとか、世界の舞台で活躍しているアスリートって、割と飄々《ひょうひょう》としている人が多くないですか？

もちろん口では「頑張ります」とか言ってますけれど、目くじら立てたり眉間にシワを寄せて必死に頑張ってる風だったり、「氣合いだー!!」って叫んでる感じの人、あんまりいないですよね？

逆に、「氣合いだ!!」とか、「もっと頑張るんだ!! 熱くなれ!!」的なことを言ってる人は、結局そこまで行っていない。

そう思いませんか？

ですので、いろいろ書きましたけれど、「頑張る」のではなく、「ベストの自分を出す」、「最高の自分を発揮する」が良いんです。無意識で「頑張ろう」としがちなことを、できるだけ「最高の自分を発揮する」という思考（言葉）に転換してください。

「問題」は「課題」に言いかえる

あなたは「問題」という言葉にどんなイメージがありますか？

多くの場合、解決できないとか、向き合いたくないとか、難しいとか、なにかしらの「大変」というイメージを持っていると思います。

実際、「これが問題だ」とつぶやくと、なんか重い感じがしませんか？

そして、それらのイメージには当然感情が伴っています。

その感情は恐れであったり、悲しみであったり、怒りであったりするはずで、なかなか解決できない感から来るものです。

つまり、「これが問題だ」という言葉を発している時点で、それらの感情が同時に起こっているんです。

ですので、それらの感情を伴ったまま行動し始めると、余計に問題が大きくなるという現象を引き寄せます。

なぜなら、前提の意識が、怒り、恐れ、悲しみなどですからね。

一方で、「課題」という言葉にはどんなイメージを持ちますか？

「これが問題なんです」
「これが課題なんです」

こう言われたら、どう感じます？　なんか**「課題」の方が解決できそうな感じがしませんか。なんとなく軽い感じで、「ギフト」っぽくないですか？**

つまり、「課題」は乗り越えられそうで、その課題を乗り越えるとギフトが来そうな感じ。

実際に生体反応のテスト（オーリングテスト）をしてみても、「これが問題だ」とつぶやいている時は力が抜けますが、「これが課題だ」とつぶやいている時は力が抜けません。

「これが課題だ」という言葉の方が、身体は困難さや無力感を感じないいんです。だから力も抜けないいんです。

これも試しにやってみてください。

課題は放り投げてもいい

なので、まずは**あなたが問題と感じていることをすべて「課題」に変換してください。**

問題とするとちょっと難しそうですが、課

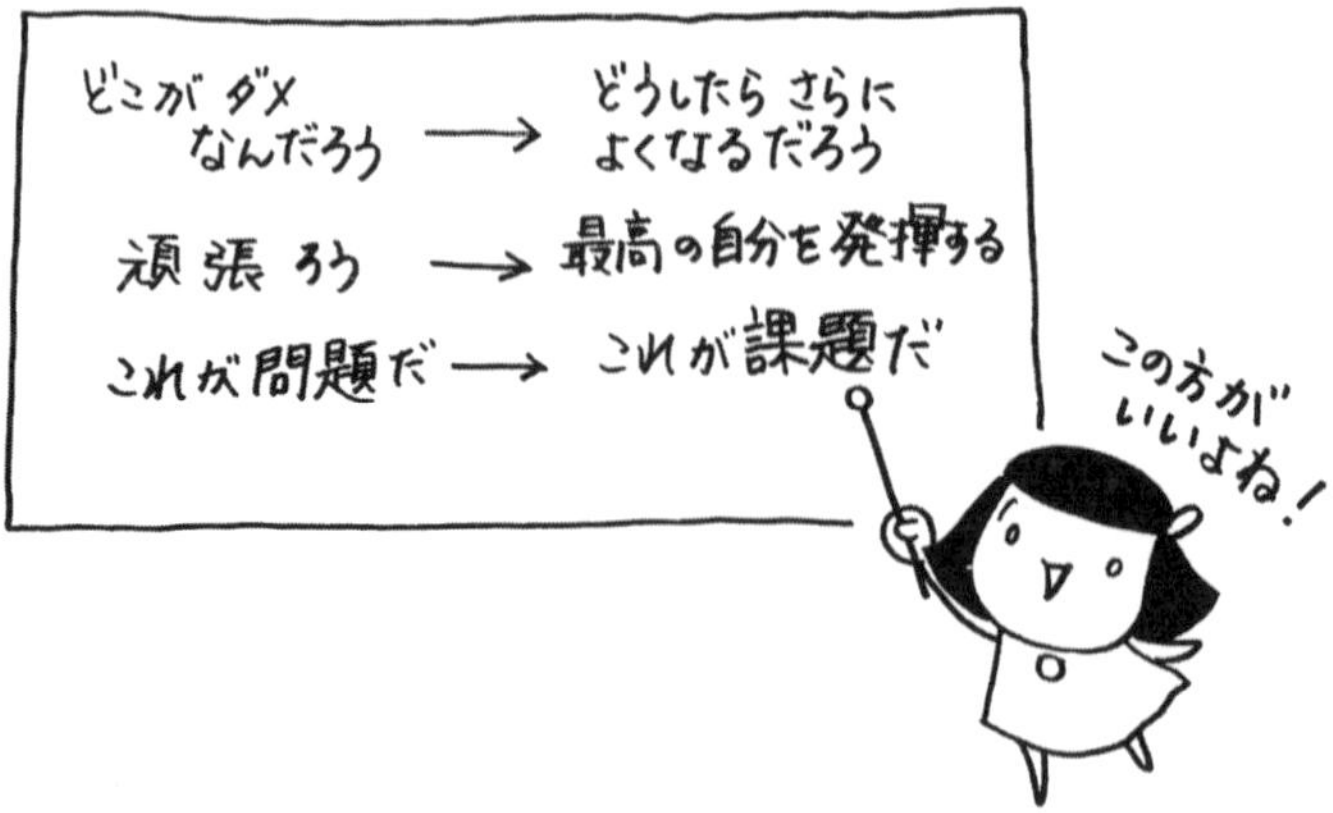

どこがダメなんだろう → どうしたらさらによくなるだろう
頑張ろう → 最高の自分を発揮する
これが問題だ → これが課題だ
この方がいいよね！

題だと解けそうになりますので身体もリラックス状態となり、良いアイディアも浮かびやすくなります。

そして、「あ、これやってみよう！」とか、「これやったら良いかも！」なんて思いつくことがあったらやってみたらいいです。

特に良いアイディアが浮かばなかったら、ただ課題を放り投げて、リラックスして、自然体を保っていればいいんです。

「課題にしても放り投げるなんて、あまりに非常識だ！」
「何もしないなんて責任放棄！　無責任！」

なんて思いますか？

でも、いいじゃないですか〜。やっても上手くいかないなら、やるだけ無駄ですよ。無駄なばかりか、かえって落ち込んだりします。

実は、**何もしないと言っても、停滞しているわけではない**んです。何もしないと言っても、必ず動いているんです。

なぜなら、この世、というか宇宙に存在するもので止まっているものはありません。すべて動いています。

地球は自転していますし、太陽の周りを公転しています。太陽も1カ所に止《とど》まっているわけではなく、銀河系の中をすごいスピードで動いています。そして、銀河系自体も宇宙の中をこれまた動いています。

つまり、場は常に動いているんです。

この世の森羅万象は、同じ場所に停滞しているということはありえません。だったら、ただ委ねて、その場の動きを信じればいいんです。

悪あがきするよりはじっとしていた方が良い方向に好転していきます。

じたばたせず、問題を問題とせず課題にし、自然体でリラックスし、「グッドアイディア!!」と思ったことだけやる。

その方が上手くいくはずですよ。

「気」とトーラス構造

元気、病気、天気、陽気、陰気、活気、電気、気分、気概、気力などなど、「気」という文字を使った言葉はすごく多いですよね。

で、「気」には「氣」という文字もあります。

現在の私たちがどちらの文字を常用的に使っているかというと「気」だと思います。なぜ私たちは「氣」ではなく「気」を使っているかあなたはご存じですか?

実は日本が戦争に負けてアメリカに占領される前は「氣」を使っていました。いつの間

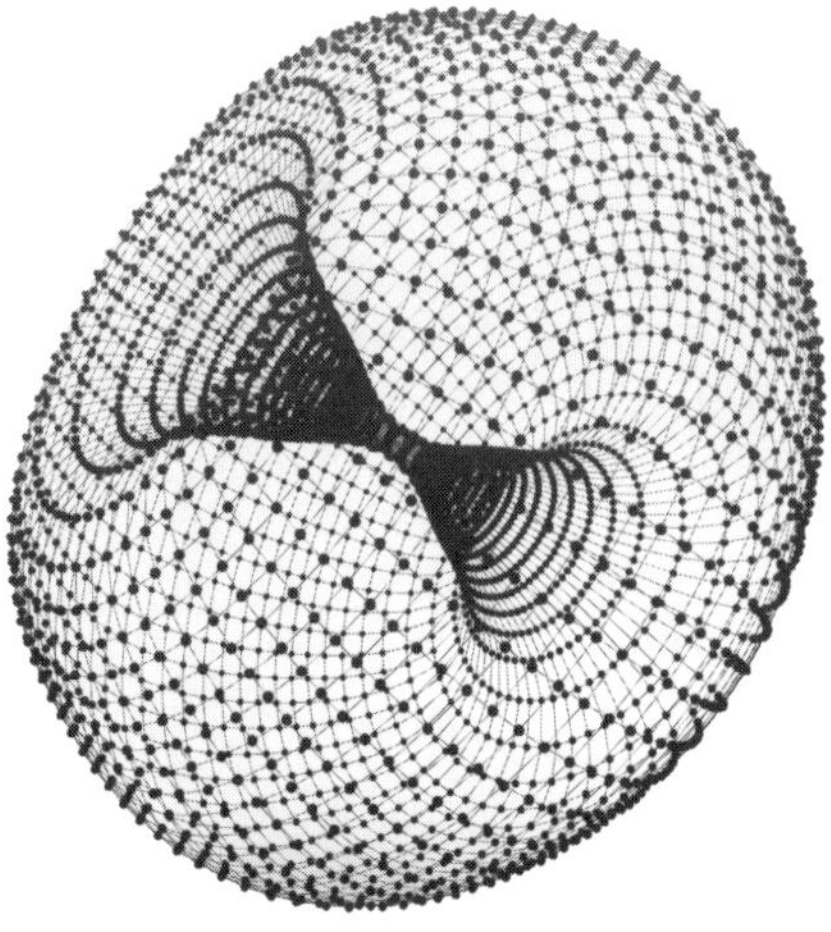

にか「気」に変更させられているんです。
それはなぜか？　実はこれにも深い意味があるのですが、その話はちょっと置いておいて……（後述します）。

話は変わりますが**「トーラス構造」**ってご存じですか？
前ページのイラストのような形をしている物体です。

真ん中の穴が大きいとドーナツのような形状で、穴が詰まった感じだとリンゴみたいですよね。

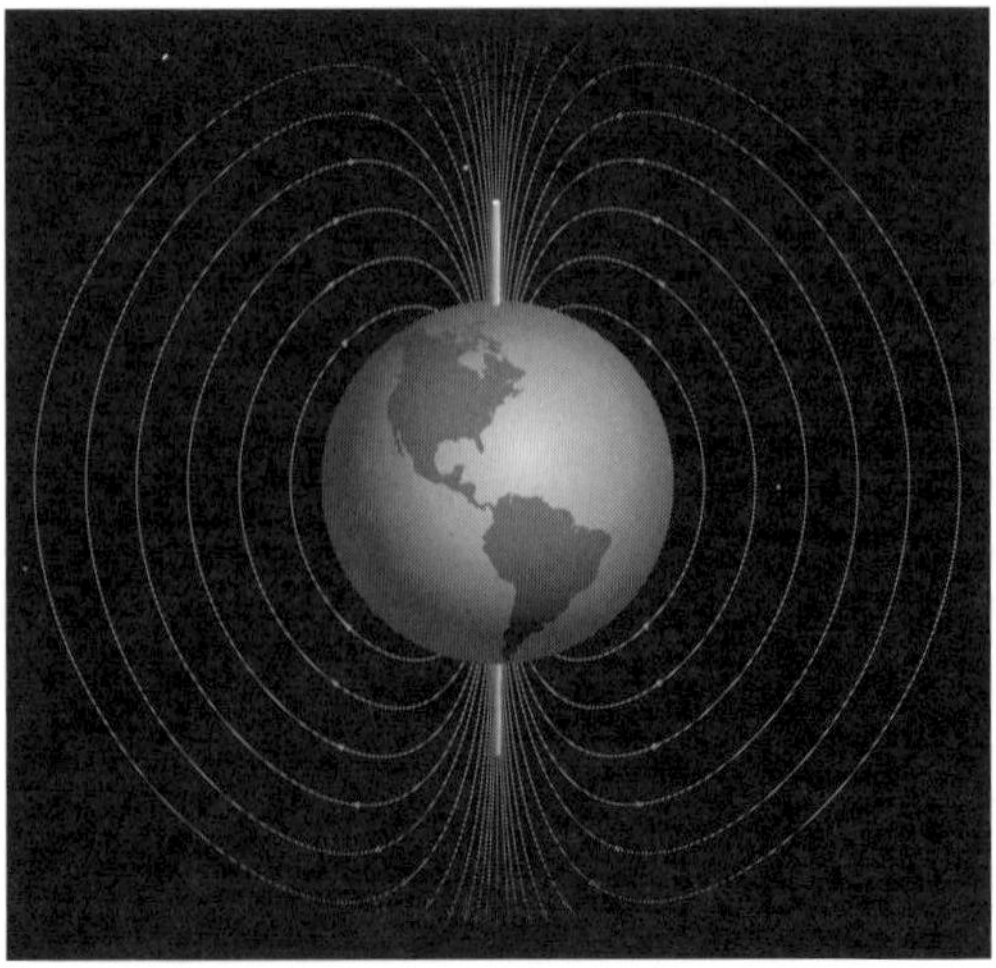

実は、この世に存在する自然物にはトーラス構造のものが多いんです。

トーラス構造について詳しく書くとかなり難しくなってしまうので割愛しますが、この構造は自然界に存在するエネルギーの形にも多く見られます。

例えば磁石の磁場。

地球も大きな磁石ですので、地球の周りにもトーラス構造の磁場があります（右ページ図参照）。

そして、人間の周りにも同様にトーラス構造の磁場があります。

地球の大気や海流の循環もトーラスです。

© NASA Goddard MODIS Rapid Response Team

台風も大気の一部ですが、その構造はトーラスです。

そして、台風はご存じの通り上から見ると前ページの図のような渦巻きですが、より立体的な3次元の図で見てみると、トーラス構造になっていることがわかります。

で、このような渦巻き構造といえば、太陽系もそうですし、太陽系が属する銀河系もそうですよね。そして、それらも台風と同様、3次元的に見るとトーラス構造のエネルギー循環が見られます。

そういう意味では、太陽系も銀河系も大きな渦巻きであり、その渦巻きはトーラス構造

のエネルギーの中にあるということです。

なので、**私たちは大なり小なりこのトーラス構造のエネルギーの中で生きているし、自分たちもこのような構造のエネルギーを発している**ということです。

「気」はエネルギーを〆る

で、ここでまた取り上げたいのが「気」という文字についてです。

元気、病気、天気など様々な言葉にこの「気」という文字が使われていますが、この「気」を「エネルギー」と解釈するとわかりやすくないですか？

つまり、元気は「元のエネルギー」、病気は「病んだエネルギー」、天気は「天のエネルギー」などなど。

「気」という文字をエネルギーと解釈すると、「気」を使う言葉の意味がわかりやすくなります。

そして、ここで問題になるのが**「気」と「氣」の違い**です。

この2つの文字の違いは中の文字の違いです。

「気」には「〆《しめ》る」という文字が使われていますが、「氣」には「米」という文字が使われています。

「氣」の「米」は「コメ」とも読めますが、ここでの意味は「八方に広がる」という意味です。

つまり、**エネルギーが八方に広がっている様子を表しているのが「氣」という文字**なんです。

もうピンと来ているとは思いますが、この八方に広がる形がまさにトーラスで、「氣」はトーラスの形に発散されているエネルギーを表しているんです。

一方の「気」は「〆る」という文字が使われていますよね。

これも、もうおわかりだと思いますが、「エネルギー」を「〆る」という意味で使われているんです。

つまり、**エネルギーを「出さないようにする」ための文字**なんです。

「氣」はエネルギーを広げる

ちょっと都市伝説っぽいですが、アメリカが日本占領時に、日本人が自分でエネルギーを閉じ込めるよう、文字の改良まで行ったと言われています。

実際に戦後から「気」に変更されているので、あながち嘘とも言えないと思います。

他にも変更されている文字はたくさんありますが、「気」は特によく使いますし、エネルギーを表しているので、「氣」にした方が良いと思います。

先ほども触れましたが、**日本でも昔から「言霊」と言われているように、言葉自体にもエネルギーがあります。**

そして**それは文字についても同じこと**です。

私がやっているセッションや講座でも、「気」という文字を見ている時と、「氣」の文字を見ている時の力の入り具合を確認するワーク（オーリングテスト）をしたりしますが、大抵「氣」を見ている時の方が力が強まります。

ですので、今日からでもあなたに実践していただきたいのは、**なるべく「気」を「氣」に変換して使う**、ということです。

氣という文字は「トーラスエネルギーの広がり」を表しており、その文字自体にもパワーがあります。

どうせなら、自分自身のエネルギーを高める文字をなるべく使った方が良いでしょ？

言葉の力を実感できる筋反射テスト

自分が発する言葉、または頭の中でつぶやく言葉で力が変わる、という話をしてきましたが、その力の出具合を確かめる方法として、講座やセッションでは筋反射テストを使っています。

方法はいくつかあるのですが、よく使うものとしては、**統合医療のお医者さんが使**

っている「オーリングテスト」があります。

慣れればひとりでもできるのですが、基本的にはふたりペアで行う方法です。

ひとりが図のように薬指と親指を合わせてオーリングを作り、その力の強さをもうひとりが測るという方法になります。

人差し指と親指でオーリングを作る方法もありますが、人差し指はよく使うこともあり、もともと力が強い人だと違いが出にくい場合があります。

ですので、オススメは薬指と親指によるオーリングです。

測り方としてはこんな感じです。

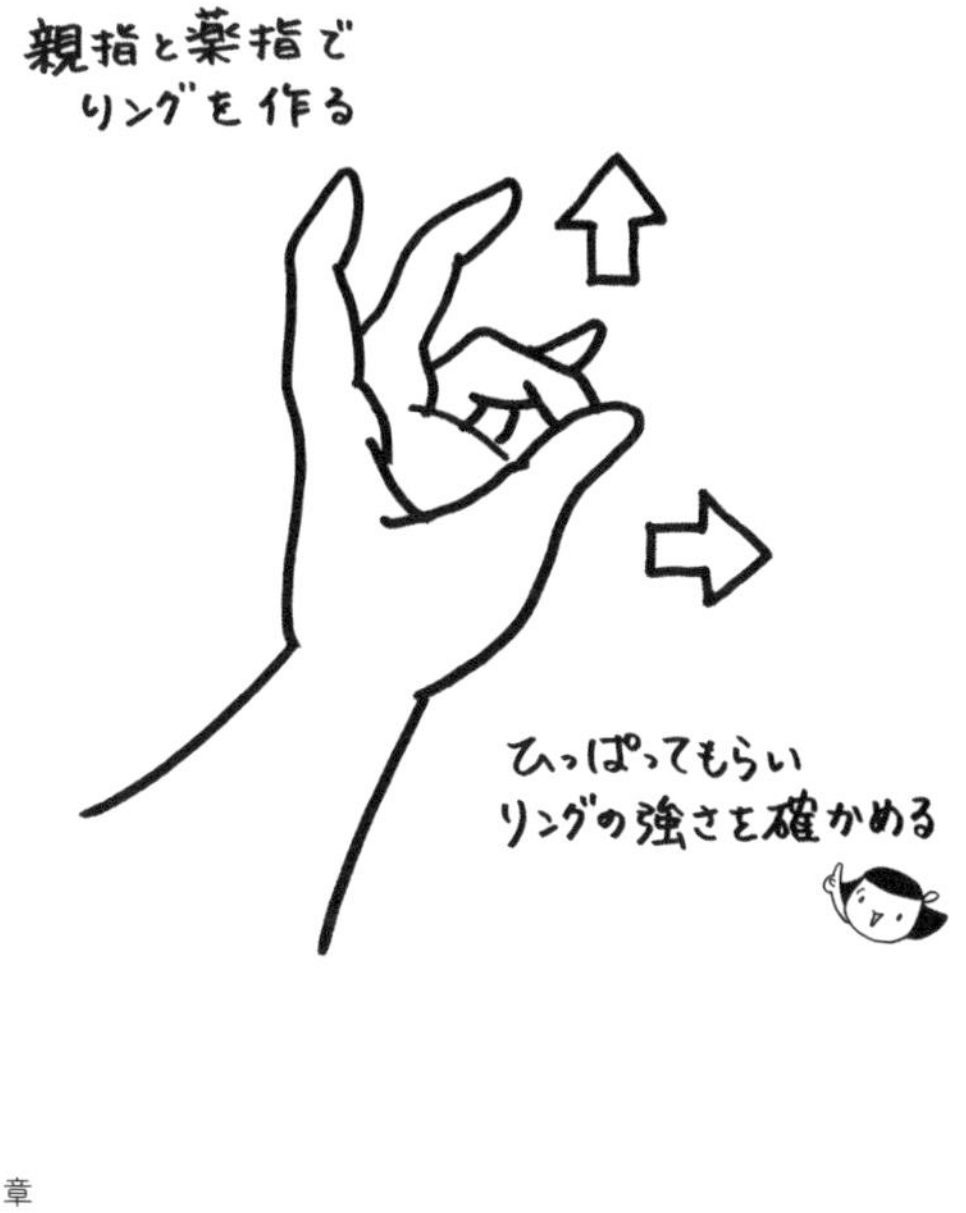
親指と薬指で
リングを作る
ひっぱってもらい
リングの強さを確かめる

今回は仮に**「どこがダメなんだろう」という言葉と、「どうすればさらに良くなるだろう」という言葉でのオーリングの強さの違いを測ってみる**ことにします。

まず何もしていない普通の状態でその力の強さをもうひとりの人に測ってもらいます。

普通の状態でのオーリングの強さを確認できたら、次に「どこがダメなんだろう」とつぶやきながらオーリングを作り、その状態でのオーリングの強さを測ってもらいます。

その強さが確認できたら、今度は「どうすればさらに良くなるだろう」とつぶやいている時のオーリングの強さを確認してもらいます。

これだけなのですが、この場合は通常「どこがダメなんだろう」とつぶやいている時の力が弱まり、「どうすればさらに良くなるだろう」とつぶやいている時の力が強くなるはずです。

つまり、「どうすればさらに良くなるだろう」という言葉だとエネルギーが抜けず、逆に強まるということです。

今回は言葉の選択を例にとりましたが、**いろいろな判断、選択をする際にもこのテストは使えます。**

で、**強い反応が出る方を選択した方が良い方向に進んでいく**はずです。

　どちらも力が強くあまり差が出なかった場合は「どちらでも良い」ということになりますし、どちらの場合も力が抜けて差が出ない場合は「どちらも止《や》めておいた方が良い」となります。

（まれに逆の反応が出る場合もありますが、そういう場合は大抵意識が本来の自分の望んでいる状態になっていない時です。そうする

とテストの結果がきちんと出ませんので、後述するマッサージをした上でオーリングテストを行うことをオススメします）

私が夢や目標を持つのをやめた理由

無意識の思考パターンをできるだけ良い言葉に変換すること、実はエネルギーが抜けがちな言葉をエネルギーが抜けない言葉に変換することをお話ししてきましたが、いかがでしたか？

半信半疑だったりする部分もあるかと思いますが、あなたも筋反射テスト（オーリング）などで試してみてください。

もちろん、慣れない同士でやると上手くいかない場合もありますが、感覚が鋭い人だと言葉を話すだけで身体の状態の違いを感じたりします。

いずれにしてもまずは試していただけたらと思います。

ところで。

話は変わりますが、あなたには目標や夢はありますか？

実は、**私には特定の夢や目標というものがありません。**昔はそういうものを持っていた時期もありましたが、今は止めました。

それよりは、**本当の自分が求めていることに従い、それから逸れないように「今」を生きることにしています。**

なぜなら、**そのように生きた方が結局良い状態を引き寄せられることに氣付いたから**です。

私たちは子供の頃から「夢を持って頑張りなさい」、「しっかりとした目標を持ちなさい」と言われてきました。

また、社会に出てからも数値目標なるものを常に持たされ、その達成を強要されたりします。

つまり、常に先を見て、その目標に向けて努力しなければならない、と思い込んでいるんです。

でも、正直言って、その夢や目標を手に入れられる人はごくわずかですよね。

それはなぜなのか？

これこそが、本当の自分が求めていることに従っているか否かの違いだと思っています。

ただ本当の自分が求めていることに従う

当たり前ですが、人それぞれ個性があり、誰一人として同じ人はいません。皆それぞれ趣味嗜好も違えば、得意不得意も違います。

前述したバラとひまわりの例えを思い出してください。もともとはひまわりなのに、一生懸命努力してバラになろうとしたら、そのひまわりはどうなるか。

当たり前ですが、結局バラにはなれません。なれたとしても「バラもどき」です。

いとも簡単にバラになれるのは、バラだけです。なぜならすでにバラですから、ただバラらしくしていれば自然と大輪の花を咲かせられます。

基本的に人間もこの原理と同じだと思っています。だって人間だって自然の一部ですから。

それを無理やり、

「こうするのが常識」

「こうするのが正しい」

「この方が人から良く見られる」

とかの理由で夢や目標を決め、「自分と違う誰か」になろうとするから苦しいし上手くいかないいんです。

いわゆる、常識、社会通念、損得、有利不利、見栄などで夢や目標を決めるのではなく、ただ本当の自分が求めていることに従って「今」を生きていれば、自然と想定以上の良い状態が来るはずなんです。

量子力学と脳科学で考えるとやはりそうなるし、私もそれに氣付いてから人生が大きく好転し始めました。

言語にすると判断基準が明確になる

私のセッションや講座でやるプログラムの中で、**「自分が本当に求めていることを言語にする」**というものがあります。

なぜ言語にするかというと、単純に便利だからです。

あなたも何かを選択したり決断する時に迷ったりすること、ありますよね。で、迷う時に当然いろいろ言語で考えているはずです。

そして、そこで唱えられている言語は大抵「損しないかなー」とか、「どっちが得かなー」とかだったりしませんか？

もちろんそれも大事なんですが、本当に自分の人生の今後を左右するような決断もその判断基準でいいのでしょうか？

そのような選択や決断の際には「自分が本当に求めていること」を言語にしておくと便利なんです。

なぜなら、それで理性的に「自分が本当に求めていることはこっち」と判断できるからです。

そして、そのように決断をした方が後々上手くいきます。

本当の自分はどういう自分でありたいのか、何が自分にとって本当に大切で譲れないことなのか、何で楽しさや喜びを感じたいのか。

あなたは、こういうことを把握していますか？

皆、心の奥底には必ずこういうものを持っているんですが、多くの人たちはこれらを無視して毎日を過ごしています。

本当に大切なことを無視し、目先の損得、有利不利、見栄などで選択と決断をし続けた結果、本当の自分が何を求めているのかわからなくなっている人が多いんです。

そして、**本当の自分が望んでいることを無視し続けているので、人生がなかなか好転しない**んです。

本当の自分が求めていることを知る（それはすなわち本当の自分の意識ですが）こ

との大切さを理解いただけましたでしょうか？

社会から植え付けられた偽りの望みを追いかけるのではなく、本当の自分の望みを知り、それに沿った生き方をする。

このことが望ましい状態を引き寄せる大きなカギのひとつにもなります。

次に、その**「本当の自分の望み」をどう見つけていくか**の話をしていきたいと思います。

第4章

「本当の自分の望み」を見つける3つのワーク

最初にお断りさせていただきますが、ここでお伝えする方法＝ワークは本来私が1対1のセッションで行っているものを、おひとり用のワークとして作り直したものです。

実際のセッションではカウンセリングやコーチング、心理学、脳科学などのノウハウを駆使しているため、要素がスムーズに導き出せるようになっています。

おひとりだとスムーズに導き出すのは難しいかもしれませんが、方向性だけでも掴んでいただけたらと思います。

「抽象的な状態」を言葉にする

まず、ワークに取り組む前提としてお伝えしておきたいことがあります。

それは、人が本当に望んでいることは感情的に満足することであり、すなわちそれを言葉にすると抽象的な表現になる、ということです。

私たちが通常抱く望みのほとんどは、「月収が〇〇円以上欲しい」とか、「あんな家に住みたい」とか、「あんな車に乗りたい」など具体的だったりしますよね。

でも、本当に望んでいることは感情的に満足することですので、ある意味抽象的な状態だったりするんです。

ですので、それを言葉にすると、当然ながら抽象的な表現になったりするわけです。

そして、抽象的な表現であっても、それを言語で把握し、なるべくさらにそうなるよう、選択と決断をすることが大事だと思っています。

本当の自分の望みを尊重した選択と決断により、本当の満足感が上がり、その結果が具体的な事象、すなわち人、モノ、お金が満たされる現象として現れるからです。

そう、具体的な望みは後から満たされるようになるんです。

「あり方」を見つけるワーク

本当の自分の望みを言語にするワークで、まず真っ先に取り組むことが多いのが「あり方」を発見するワークです。

「あり方」とは、「本当の自分はどんな自分でありたいと感じているのか」ということです。

私の中では、この「あり方」は人生をコントロールする「操縦桿《かん》」のようなモノだと思っています。

飛行機は空を飛ぶので、基本、目的地までまっすぐ進みますよね。でも、飛行機の飛行角度が1度でもズレたならば目的地に着くことができません。

でも**「あり方」という中心軸をしっかり握っていれば、たとえ少しぐらい角度がズレても、「いかんいかん」という具合に戻ってこられます。**

そのために本来の自分がどうありたいのか、それを把握しておくことが重要なんです。

では、実際のワークに進んでいきますね（148〜151ページ参照）。

まず横長の白紙を用意してください。

その白紙に縦の線2本を等間隔で引き、3ブロックに分けてください。

分けられましたか？

そうしたらまず左のブロックに、**あなたが実際に経験した嫌なことをできるだけ多く箇条書き**で上から書いていきます。

具体的には、嫌だった人（苦手な人）、嫌な場所、嫌だった状況などなど、思いつく限り書いていきます。

書きましたか？

そうしたら、まずその嫌なことの一覧を眺めてみて、「これとこれは同じことだな」と思うものはグルーピングします。

で、グルーピングしたものの中で代表的な例だけ残してあとは消します。もしくはまとめた別の言葉に置き換えてください。

いくつかにまとめられたら、その中でも特に嫌なことを3つに絞り、それを紙の真ん中のブロックに書きましょう。

絞り方としては、胸のあたりが苦しくなったり、違和感を覚えるようなものを選んでいきます。

なぜ胸かというと、心臓に多量に存在する「オキシトシン」というホルモンの反応を見たいからです。

オキシトシンは別名「愛情ホルモン」と呼ばれており、愛情を感じるためのホルモンです。

胸のあたりが苦しかったり違和感を覚えるということは、このオキシトシンが本来求めていることと「違う」と反応しているからです。

絞れましたか？

絞れたら、**結局その何が嫌なのかをなるべく具体的にしていきます。**その3つの共通点

を見つけるのでも良いと思います。

それらを紙の右端のブロックに書くんです。

例えばです。

傾向としてどうも自分が受け入れられていないと感じる状態をすごく嫌がっているのがわかりました。

ということは、です。

本来受け入れられるべきなのに、受け入れられないということをオキシトシンは悲しんでいるということになります。

つまり、本来は受け入れられる存在でありたい、と思っているということです。そう、本当はそうありたいのに、反対の状況になっているからとても嫌がっているのです。

で、ここからが重要なんですが、受け入れられる存在でありたい、と思っているということは、一方で「受け入れる存在でもありたい」とも感じているはずなんです。

基本的には自分だけでなく他者に対してもそうありたい、そして他者もそうあって欲しいと思っているはずなんです。

なぜなら、結局他者もそういう存在でないと、自分もそうなり難《にく》いからです。結局人間はなんらかの社会的な関わりが大なり小なりないと生きていけませんので、他者に対しても同様のことをすることでそれが回り回って自分に戻ってくることを本能的に知っていると思います。

そういう意味でも、**本当の自分が感じている「こうありたい」という思いは、他者に対してもそうしたいし、他者にもそうあって欲しいと願っている**ことなんです。

さらに言えば、実は脳の本能的な領域では他者と自分を区別していない、という事実があります。

実は、自分と他者、他者だけでなく、自分とモノを区別しているのは、大脳新皮質という脳の表面的な領域の、さらに左脳の部分だけなんです。

左脳は言語や計算、理論理屈などを司っている領域で、ある意味「理性的な脳」とも言えます。

で、この理性的な脳があなたと他者、それだけでなく、あなたとモノを区別しているんです。そういう意味では、理性的に分けているんです。

でも、脳の本能的な領域では区別がないので、他者に対する言動や扱いも、ある意味「自分のこと」と捉えている可能性があるわけです。

そして、これも当然のこととして、理性と本能が戦ったら、大抵勝つのは本能です。

ですので、**もしあなたが「受け入れられる存在でありたい」と感じているのなら、他者を受け入れる存在でもあることで、初めて脳の本能的な部分としては辻褄《つじつま》が合うんです。**

私は、これがとても重要なことだと感じています。

「価値観の指標」を見つけるワーク

次に「価値観の指標」を見つけるワークを説明していきますね。

「価値観の指標」を簡単に言うと、本当のあなたが「これが本当に大切だ、これだけは譲りたくない」と感じていることです。

つまり、本当のあなたが最高の価値を置いているものですね。

これは私の解釈ですが、先ほどの「あり方」が操縦桿だとすると、この「価値観」はそれを支える「計器類」というイメージです。

では、見つけるためのワークを説明していきます（152〜153ページ参照）。

先ほどと同じ要領で、縦線で3分割した横長の白紙を用意してください。

用意したら、まず左のブロックにあなたが**今までに感動した体験を思いつく限り書いていきます**。

誰かにしてもらって感動した体験でもいいですし、映画や本、漫画、場所などなんでも良いので感動したことをできるだけ多く挙げていきます。

挙げたら、改めて全体を眺めてみて、「今思い出しても胸のあたりがグッとくる」、あるいは「涙腺が緩む」というものを3つ選んでください。3つが難しければ4つでも5つでも構いません。

選んだらひとつひとつ見ていき、具体的にその中の何にあなたがグッと反応しているのか探ってみてください。

「やっぱりこれかなー」とか、「この部分に特に反応してるなー」というのがわかったら、それを紙の真ん中のブロックに挙げていきます。

それらを挙げていくことでなんらかの共通点や傾向が出てきたら、それを右端のブロックに書いていきます。

例えば、本当の自分の氣持ちに正直に生きることに感動している、という傾向があるなら、「本当の自分の氣持ちに従って生きる」ということがとても自分にとって大切だ、と感じていることになりますよね。

もし共通点などが見つけられなかったら、もう少し「具体的に何に反応しているのか」という深掘りが必要かもしれませんし、場合によっては「どれも重要」ということもありえます。

無理やり指標をひとつに絞る必要はありません。2、3個出ても良いと思います。

大切なのは、その価値観をないがしろにせずに生きることですから。

「充実の指標」を見つけるワーク

それでは、最後に「充実の指標」を見つけるワークをやっていきましょう。

「充実の指標」を簡単に言うと、本当のあなたはどんなことに楽しさや喜びを感じているのかを明らかにするということです。

この「充実の指標」も「価値観」と同様、「あり方」という操縦桿を支える「計器類」のイメージです。

では、実際のワークに入っていきましょう（154〜155ページ参照）。

これも同じ要領で、縦線で3分割した横長の白紙を用意してください。

用意したら、まず左のブロックにあなたが**今までに夢中になったことを思いつく限り書いていきます**。

趣味、仕事、学生時代の部活、勉強などなんでも良いので、できるだけ多く挙げていきます。

挙げたら全体を眺めてみて、「やっぱりこれが楽しかったなー」とか、「これをやっている時は充実していたなー」と感じるものトップ3を選んでください。胸のあたりがワクワクする感じのものです。3つが難しければ4つでも5つでも構いません。

選んだらひとつひとつ見ていき、**「これには楽しさだけでなく、喜びも含まれている」**と感じるものをさらに選んでください。この時も胸のあたりの反応がカギになると思います。

選んだらそれを紙の真ん中のブロックに挙げていきます。もちろん全部に喜びが入っている、ということでも構いません。

そうしたら、真ん中のブロックに挙げた項目を眺めてみて、具体的にどの部分、どういう時に喜びを感じているのかを探って右ブロックに書き出してください。

項目が複数あるなら、共通点が出てきたり、傾向があったりするはずです。

「この時にいつも喜びを感じているなー」というように。

そうやって出てきた言葉が本当のあなたが求めている「充実感」なのです。

3つの指標で選択・決断するということ

ワークをやってみていかがでしたか？　3つとも上手く引き出せましたか？

いずれにしてもひとりでやるワークですので、完璧さを求めないでくださいね。傾向だけでもつかめれば、それだけでもめっけもんです。

今行っていただいたワークも、言ってみたらオキシトシンがどこで反応しているのかを探り、それを言語にしたわけなんです。

自分のあり方や価値観を大切にし、本当に充実感を感じることを選択し続けることは究極の「自己愛」です。

その自己愛のポイントを言語にしたわけです。

でも「あり方、価値、充実の指標が出たらそれで安心」というわけではないですよ。

むしろここからが大事です。

何が大事かというと、その3つの指標をもとにこれから選択、決断をしていくということです。

人間の人生は基本的に選択と決断の連続です。

ごくごく身近な例だと「今日のお昼ご飯をどうするか?」とかでも選択と決断です。

まーそれは冗談として、もっと重要な選択と決断というと、進路や仕事、高額なモノ(サービス)の購入などがそれに当たりますよね。

そういう重要な選択や決断を3つの指標をもとに行うんです。

そして**実際はこの3つの指標をもとに決断を行うことは勇氣がいることかもしれません。**

なぜなら、その決断は常識からズレていたり、他人から見ると「なんで?」なんて思われることになるかもしれないからです。

その決断は、ある意味で損得や有利不利、見栄えやイメージの良し悪しなどから離れ、あなた独自の指標で選択することになるからです。

だから、ある意味で勇氣がいるんです。

3 ②の中で似ているものをグルーピングする

焼き芋の買い方がわからず帰ってきたらいきなり殴られ怒られた

やりたくない勉強を無理やりやらされた

実際になかったことを面白おかしく誇張して書かれた

挨拶を無視する先輩がいた

裏表がある人

目的や意図がなく、ただやるだけの仕事

ぎゅうぎゅうの満員電車

満員電車から降りた時に我先にとエスカレーターになだれ込む光景

納得できないことを、「納得しろ」と言われること

勝手な論理を押し付けられること

なんのためにやっているのか理由が全くわからない仕事

本質的でない、薄っぺらいと感じる考え方

ひたすら同じことを繰り返すこと

1 横長の紙を3ブロックに分ける

2 左ブロックに実際に経験した嫌なことをできるだけ多く書き出す

焼き芋の買い方がわからず帰ってきたらいきなり殴られ怒られた

やりたくない勉強を無理やりやらされた

実際になかったことを面白おかしく誇張して書かれた

挨拶を無視する先輩がいた

裏表がある人

目的や意図がなく、ただやるだけの仕事

ぎゅうぎゅうの満員電車

満員電車から降りた時に我先にとエスカレーターになだれ込む光景

納得できないことを、「納得しろ」と言われること

勝手な論理を押し付けられること

なんのためにやっているのか理由が全くわからない仕事

本質的でない、薄っぺらいと感じる考え方

ひたすら同じことを繰り返すこと

6 ⑤の何が嫌なのかを具体的にしていく

→ 目先のことに囚われて本当に大事なことを見失うこと

→ 無理やり押し付けられること

→ 目先のことに囚われて本当に大事なことを見失うこと

↓

7 ⑥の逆を返せば
本来どんな存在でありたいかがわかる

本質的でありたい

常に自由で、何事も
自分で選択する存在でありたい

4 ③のグループごとに代表的な例をひとつ残す。または別の言葉に置き換える

~~焼き芋の買い方がわからず帰ってきたらいきなり殴られ怒られた~~

~~やりたくない勉強を無理やりやらされた~~

実際になかったことを面白おかしく誇張して書かれた

~~挨拶を無視する先輩がいた~~

裏表がある人

~~目的や意図がなく、ただやるだけの仕事~~

~~ぎゅうぎゅうの満員電車~~

~~満員電車から降りた時に我先にとエスカレーターになだれ込む光景~~

↗ 目先のことに囚われて自分をなくしている

~~納得できないことを、「納得しろ」と言われること~~ ↗ 無理強い

勝手な論理を押し付けられること

~~なんのためにやっているのか理由が全くわからない仕事~~

本質的でない、薄っぺらいと感じる考え方

~~ひたすら同じことを繰り返すこと~~

5 左のブロックから特に嫌だと感じることを3つに絞る

目先のことに囚われて自分をなくしている

勝手な論理を押し付けられること、無理強い

本質的ではない、薄っぺらいと感じる考え方

3 ②の共通点や、具体的に何に感動しているかを書き出す

→ 理屈抜きに、自分に正直である

→ 本当の自分に正直であれ、というメッセージ

→ 本当に大切なことは当たり前で平凡な日常

↓

4 ③からわかる、あなたが本当に必要としているもの

理屈や理論でなく、
本当の自分の氣持ちに正直であること

普通の平凡な日常生活や、
普段当たり前と思っていること

1 今までに感動した体験を思いつく限り書き出す	2 左のブロックから今思い出してもグッとくるものを3つ選ぶ
子供の素直さ、純粋さ	子供の素直さ、純粋さ
スティーブ・ジョブズのスピーチ	スティーブ・ジョブズのスピーチ
漫画「バガボンド」	映画「メッセージ」
歌「ええねん」	
小学校の校長先生のお弁当話	
映画「フォレスト・ガンプ」	
映画「メッセージ」	
運動会で一生懸命な子供の姿	
映画「きっと、うまくいく」	
映画「男はつらいよ」シリーズ	

3 具体的に②のどこに喜びを感じているのかを掘り下げる

→ グローバル感、世界をフィールドにしているスケール感
外国人とのつながり感、異文化と統合した感じ

→ 真相や真実を知ることができる、それらに近づいている感

→ この世の本質や真理に近づいている感

↓

4 ③からわかる、あなたが本当に求めている「充実感」とは

外国人や異文化の人たちとわかり合えた感、
つながれた感があることで得られる

世界をフィールドにしている感があることで
得られる

世界の本質、真理に
近づいている感があることで得られる

1 今までに夢中になったことを思いつく限り書き出す	2 左のブロックをひとつひとつ見ていき、楽しさだけでなく「喜び」が含まれているものを3つ選ぶ
漫画・アニメ「宇宙戦艦ヤマト」	海外出張
アニメ「ガンダム」シリーズ	宇宙人、UFOの話を聞くこと
スーパーカー	意識と現象に関連する本を読むこと
絵を描く	
ドラム	
粘土づくり	
プラモデル	
海外出張	
外国人と交流すること	
宇宙人、UFOの話	
意識と現象に関連する本を読むこと	
冒険小説を読むこと	

「本当の恐れ」を自覚していますか

3つの指標で選択することは勇氣がいる、と言いましたが、実は**本当の恐れを自覚すれば容易に選択できる**と思っています。

その恐れとは、**「自分が本当に体験したかったことを体験せずにこの世を去る」**という恐れです。

実際に私自身を突き動かしたのもこの恐れでした。

サラリーマン時代は優良大企業に勤めていて、そのままヘマをしなければ定年まである程度保障された生活ができていたはずでした。

でも、その未来を想像した時に何か「とてつもない恐怖」が襲ってきたのです。

なぜなら、その未来に楽しさや充実、幸福感を全く感じなかったからです。

まさに、偽りの自分で生き続け、**人生最後が近づいた時に「あー、あの時勇氣を出しておけば～」と後悔する**ことが確実のように思えたのです。

その恐怖が「会社を辞める」という恐怖より上回っていたので、会社を辞め独立する、という決断ができたわけです。

もちろん辞めた当時はこのようなメソッドなどは開発していませんでしたから、正直苦労も沢山しました。

でも、常に「なんとかなると思うし、大丈夫な氣がする」という感覚がありました。なぜかというと、本当の自分が求めている方向で動いていたからです。

で、実際大丈夫でしたし、むしろ今は会社員時代には想像もできなかったような自由と豊かさを手に入れることができています。

これも結果的に3つの指標、つまり本当の自分が求めていることに従ったからだと確信しています。

なので、あなたも勇氣を持って、本当のあなたが求めていること、つまり3つの指標をもとに様々なことを選択、決断して欲しいんです。

お金やモノは後でいくらでも取り返せますが、時間だけは絶対に取り返すことはで

きません。

二度と取り返すことができない、**一番大切な「人生という時間」を本当の自分が求めるままに生きてください。**

その勇氣は後で必ず報われますから。

第5章

潜在意識を書きかえる方法②

身体を整える

第3、4章では言葉をコントロールすることの重要性と、自分の本当の望みを言葉で把握して、その望みに従って選択し決断することの重要性を説明させていただきました。

すぐに実践できるものもあれば、ワークが必要なものもありますので、氣軽に取り組めそうなことから徐々にやっていただけたらと思います。

くれぐれも「完璧にやろう」としないでくださいね。

そうすると絶対無理が出て、できない自分を「やっぱりダメだ」と責めたりしますから。

自分を責めたり、卑下する言葉は禁物ですよ。

さて、ここからは「身体を整える」ことにフォーカスを移していきます。

なぜ身体を整えることが重要かというと、結局身体の状態、すなわち身体感覚を作っているのは潜在意識（無意識）だからです。

潜在意識の状態が身体に現れていると言っても過言ではありません。身体と意識は密接につながっているからです。

ですので、**身体の状態をコントロールすること、それはすなわち潜在意識をコントロールすること**になるのです。

身体の状態＝潜在意識の状態

身体と意識がつながっているということは医学的にも明確に認められている事実です。

現に、様々な病氣の要因にストレスが上位に挙げられるのも、意識が身体に及ぼす影響が大きいからです。

つまり、**あなたの意識の状態が身体に現れている**んです。

例えばですよ。

あなたが、何か嫌なことが起こって落ち込んでいる時は、それに合わせて目の感じ、表情、姿勢、身体の中に巻き起こっている感覚なども変わっているはずです。

楽しく、良いことがあった時の表情、姿勢、身体の感覚とは明らかに違うはずなんです。

ためしに、うつむいて、肩を落とし、うなだれて、無表情の状態でとても楽しいことを思い浮かべてみてください。

こういう身体の状態では楽しいことを思い浮かべるのが難しいはずなんです。なぜなら身体が楽しくない状態だからです。

眉間にシワを寄せ難しい顔をして、身体全体を硬く硬直させながら安心を感じてみてください。

当たり前ですがこれも無理なんです。身体が安心していないからです。

このように、あなたが普段意識していない身体の状態は、あなたの潜在意識（無意識）の状態を表しているのです。

人間が最終的に欲しているもの

多くの人が最終的に求めているのは感情的な満足です。これに例外は絶対ありません。

たとえお金がたくさんあったとしても、たとえ好きなものが好きなだけ手に入ったとしても、そこに感情的な満足がなければ決して満たされません。

いくらたくさんお金があったとしても、信頼できる人が周りに全くおらず、常に一人ぼっちで、命の危険に毎日怯える日々なんて嫌でしょ？

そう、お金もモノも、人でさえも、あなたの感情的な満足を得るための手段なんです。

ここをはき違えないことがとても重要なんですよ。

なぜなら多くの人は、お金、モノ、人などの手段を得ることに固執し、その結果さらなる欠乏を引き寄せているからです。

そして、この**感情的な満足をもっと厳密に言えば、それは身体の状態（感覚）**になるんです。

なぜならば、感情を感じるのは身体だからです。

なので、**結局人間が最終的に求めているのは感情的満足＝身体の状態（感覚）**なのです。

今すぐできるのにやらない理由

結局はあなたも最終的に求めているのは身体の状態（感覚）である、ということをご理解いただけましたか？

そうなると、です。

ここで何か氣付くことはないですか？

身体の状態（感覚）ということは、今ここで、今すぐにでも作れちゃう、ということになります。

ある意味で非常に残念なお知らせかもしれませんが、実はあなたが今「欲しい」と思っているモノ、お金、状態は必要ないんです。

だって、身体の状態は今すぐにでも作れますよね？

幸せや豊かさ、安心などを感じている表情、姿勢、身体の感覚は今すぐにでも「作ろう」と思ったら作れるんです。

つまり、「このぐらいのお金がないと安心できない」とか、「あの人がいないと幸せになれない」というのは嘘なんです。

勝手に「これがなければ」という条件を付けて、今すぐにでも感じることができる感情的満足を、自分自身で封印しているのです。

あなたは、今ここから、豊かで、安心して、幸せな自分になれるんです。

そして、**そのような身体の状態に意識は必ず引っ張られていきます。**

なぜなら、先ほどから申し上げている通り、意識と身体は密接につながっているからです。

身体が良い状態になれば、その状態に意識が引っ張られます。そうなると、**その意**

識の状態に合わせてあなたの周りの現象も変わっていく、ということです。

なぜならあなたの周りの現象を確定させているのは意識だからです。

身体の状態を整えるだけで現象が変わる

身体の状態を整えることの重要性はおわかりいただけましたか？

結局は、普段無意識に作っている身体の状態をコントロールすることが、潜在意識のコントロールにつながるからです。

では具体的に**どうやって理想的な身体の状態を作ればいいのか？**ということになりますよね。

一番簡単なのは、理想の状態を思い出したり、イメージした時の身体の感覚を維持する、ということです。

つまり、過去にあなたが経験した「とても良い状態」、「理想的な状態」を改めて思い出してみて、その時の呼吸、表情、目の感じ、姿勢、身体の中の感覚、重心の位置などを作ってみるんです。

もちろん、経験したことのないことでも、イメージすることでその状態を作れるのならそれでも構いません。

これも完璧を求めずに、「こんな感じかな」というできる範囲で構いません。

ただ、そうは言ってもやっぱり想像しにくい、という人もいると思いますので、次に**実際に良い身体の状態を作るためのポイント**を説明していきます。

まずは呼吸を整えることから

心を落ち着かせるためには深呼吸が効果的であることはよく知られていますよね。

なぜ呼吸を深くすると心が落ち着くのでしょう?

簡単に言えば、自律神経のバランスが上手い具合に調整されるからです。

自律神経は私たちの意志とは関係なしに、身体機能を健全に保つために休みなく働いています。

胃が食べ物を消化するのも、心臓が休みなく血液を送り続けるのも、自律神経が機能しているからです。

その自律神経は交感神経と副交感神経というふたつの神経から成り立っています。

これは第3章でも説明させていただきましたが、交感神経は主に緊張・ストレス状態にある時に優位になり、副交感神経は休息やリラックス状態にある時に優位になります。

現代社会を生きている私たちはとかく交感神経が優位になりがちなので、**呼吸により副交感神経を意図的に働かせることが重要**になるんです。

そして、これも第3章で説明させていただきましたが、**人は副交感神経が優位になっている状態の方がパフォーマンスも上がり、直感やインスピレーションも冴えます。**

そのような状態を、呼吸を整えることで意図的に作るのです。

丹田、意識していますか？

では具体的な呼吸法をお教えしますね。

丹田《たんでん》の位置はおわかりになりますか？

おへそから指3〜4本ぐらい下に位置した部位で、チャクラで言えば「第2」にあたります。

日本でも昔から「肚が据《す》わってる」とか、「肚をすえる」とか言いますが、これはいずれも意識が丹田あたりにあることを指しています。

その**丹田を意識しながらまずは息をなるべくゆっくり吐き出します。**

丹田がわからなくても大丈夫です。下腹部を意識し、そこを凹《へこ》ませる感じで息を吐き出せばいいんです。

下腹部を手で押さえながらでも結構です。

だいたい5秒ぐらいを目安に息を吐き出せば良いです。

5秒くらいかけて
吐ききり、
鼻から自然に吸う。

吐ききったらあとは自然に息を鼻から吸い込みます。

これを繰り返すだけなのですが、これをやっていると自然と呼吸が深くなり、息を吐き出す時間も長くなっていきます。

そうすると副交感神経が自然と優位に働くようになるのです。

このような呼吸を習慣化すればストレスへの耐性も上がり、落ち着いた良い身体の状態が持続するようになります。

そして、その良い身体の状態に意識が引っ張られます。

つまり、意識も良い状態になり、それに合わせて現実も変わっていくというわけです。

なので、まずはこのような呼吸をなるべく意図的に行ってみてください。

しばらくやっていればやがて習慣となり、無意識にそのような呼吸をしているようになりますから。

意識して良い状態を保つべき身体の部位

次に、意識して良い状態を作って欲しい身体の部位を説明していきますね。

◇眉間

まずは眉間です。実は眉間には「A10（エーテン）」と呼ばれる神経群があり、その神経群は脳幹の中にある間脳の視床下部につながっています。

間脳はやる氣を高めたり心地よい状態を作るための脳内伝達物質であるドーパミンなどを分泌する部位です。

つまり、**眉間は心地よい状態を作ったり、やる氣を高めるためのスイッチ**のような部位でもあるのです。

そして、この**眉間のスイッチはシワを寄せている時にＯＦＦ**になります。

眉間にシワを寄せて難しい状態で考え事をしたり、仕事をしたりしている人が多いですが、この時は残念ながらＯＦＦ状態なんです。

そしてその状態の影響はすぐに身体にも現れます。

試しに眉間に思いっきりシワを寄せて難しい顔をした時のオーリングの強さを測ってみてください。

多分、普通の状態と比べて格段に弱まるはずです。

ですので、**眉間のスイッチをＯＮにするためには、できるだけ眉間は広げておいた方がいい**んです。

◇頬

実は頬の位置もドーパミン、セロトニン、エンドルフィンなどの心地よい状態を作る脳内伝達ホルモンの分泌に影響します。

昔からの諺に「笑う門には福来たる」とありますが、これらホルモンが分泌されることで身体が良い状態になり、その身体の良い状態に引っ張られることで意識が良くなり、結果良い現実が引き寄せられることになるからです。

ですので、**頬の位置はできるだけ高くしておいた方がいい**んです。

つまり笑顔でいる方がいい、ということですね。

これもオーリングテストをしてみればわかりますが、片手で頬を思いっきり持ち上げている状態と、無理やり頬の位置を下げている状態では、オーリングの強さが全く変わります。

頬の位置を上げている方が明らかに強いんです。

なので、なるべく頬の位置も上に上げておく。つまり笑うことを意識するということです。

笑顔がやはり大きなパワーを生むんです。

◇肩

次に肩の位置です。

子供の頃に「きちんと胸を張って」とか、「立派な姿勢でね」とか言われたことは誰にでもあるはずです。

きっとあなたも。

なぜそのような姿勢が良いとされるかというと、それは恐らく本能的に「その方が身体が良い状態になる」ということを知っているからだと思います。

そして、その姿勢は肩の位置とリンクしています。

そういう姿勢の肩の位置は胸より少し後ろ氣味で、いかり肩と言うよりは、力が抜けてストンと下に落ちている感じです。

その状態だと自動的に「良い姿勢」となり、身体の状態も良くなります。

これもオーリングで試してみて欲しいのですが、思いっきり肩を胸より前に出した猫背の状態より、胸を開いて肩を落とした状態の方が格段に強い反応になるはずです。

思いっきり胸を張って堂々と、というよりは、胸を開いて肩を落とす、という感じです。

◇丹田、肛門

次が丹田と肛門です。

これは呼吸法のところでも説明しましたが、丹田あたりに意識を置いている状態だと人のパフォーマンスは上がります。

加えて深呼吸をしていると、自然と肛門もキュッと締まった感じになっているはずです。

ある意味では丹田と肛門はつながった感じになっているんです。

この**丹田を意識し肛門を締めることで、身体のエネルギーはさらに高まります。**

もちろん、丹田を意識して深呼吸するだけでも構いません。

余裕があれば、それに加えて肛門を締めることも意識してみてください。

◇足の親指

最後の場所ですが、足の親指になります。実は足の親指も結構重要なんです。

なぜなら、足の親指は脳、しかも間脳（脳幹の一部）につながっていると言われているからです。

つまり**足の親指を強化すると、それは脳幹の活性化にもつながる**ということなんです。

第2章でも説明しましたが、脳幹は生命維持や本能的反射を担っています。

また、脳幹の中には間脳という部分があり、その中の松果体という部位が通信機能的な役割を担っている可能性がある、という話をしましたよね。

そういう意味では、足の親指を強化することが脳幹の活性化、**イコール松果体の活性化にもつながり、インスピレーションを得る能力も高まる**んです。

これも試してみたらわかりますが、足の親指を上にそらした状態でオーリングテストをすると力が出ませんが、逆にグッと親指で地面を噛《か》むような感じにすると力が強まります。

まー、いろんな意味で足の親指はグッと力を入れておいた方がいいんです。

現代の生活は力が抜けがち

特に意識した方が良い身体のポイントを説明しましたが、いかがでしたか？

考えてみたら、昔の日本人の装束は身体を強化するものが多いことに氣がつきませんか？

例えばハチマキは眉間を押さえることになるので自然とそこを意識することになります。

また、たすき掛けをすると自然と胸が開きます。

帯は腰の位置で締めるので、自然と丹田を意識するようになり、肛門も締まります。

履き物も草履《ぞうり》など足の親指に自然と力が入るものです。

江戸末期、開国前の日本を訪れた欧米人が、識字率の高さや、治安の良さ、街の清潔さ、人々の明るさなどに驚いたと言われていますが、これは日本人の装束にも関係しているのかもしれませんね。

今さら「和装にしてください」なんて言うつもりはないですよ。私だって日常的に着ているのは洋服ですし、履き物も靴ばかりです。

ただ、この本でお伝えした「身体のポイント」は意識した方が良いんです。


なぜなら、**私たちの日常生活では逆のことをやって身体の力が抜けていることが多い**からです。

眉間にシワを寄せて難しい顔をして仕事していませんか?

肩を丸めて前かがみでパソコンを眺めていませんか?

足の親指に力が入りにくいおしゃれな靴ばかり履いていませんか?

だから、身体のポイントをあえて意識しておいた方がいいんです。

それだけでも現実が変わるからです。

脳幹を活性化し軸を整える

潜在意識を書きかえる方法②「身体を整える」もいよいよ最後となりました。

ここまではいかがでしたか？

体感をともなうワークも交えて説明してきましたが、納得いただけましたでしょうか？

では最後に「身体を整える」の中でもかなり重要となる「脳幹の活性化」を説明します。

第2章でも申し上げましたが、**本当に望ましい状態を引き寄せるのも、潜在的な能力を覚醒させるのも、この脳幹がカギを握っています**。

なぜなら、本当の自分の望みに従って生き、潜在能力を開花させている人はほぼ間違いなく脳幹が活性化しているからです。

ここでは**脳幹の活性化状態を確認する方法と、脳幹を経絡の刺激で活性化する方法**をお伝えしていきます。

ペアで行う脳幹チェック

第2章では、ひとりで脳幹の状態を確認する方法をお伝えしましたが、今回は**ペアでやるワーク**を紹介します。

まず、脳幹の状態を確認したい人に立っていただき、足を肩幅ぐらいに広げてもらいます。

次に、その人に深呼吸をしていただき、リラックス状態で力を抜くようにお願いします。

前後左右上からと
軽く押して軸にブレがないか確認する
肩幅に足を開く

力が抜けているのを確認したら、**二の腕あたりを左右に押してみて、**左右にどの程度揺れるか、またはピシッとして動かないかを確認します。

次に後ろに回り、**肩のあたりを軽く掴んで、後ろに軽く引いてみます。**あんまり強く引かないでくださいね、いくらなんでも倒れますので。後ろに軽く引いた時のバランスが崩れるか、バランスを保てるかを確認します。

最後に、**肩に手を置き、上からグッと体重をかけてみて、**膝のあたりがガクッとならないか、しっかりしているかを確認します。このチェックは腰を悪くしている人には良くないので、事前に大丈夫か確認しておきましょう。

以上が確認の方法になります。

いかがですか？　結構簡単でしょ？

ではどんな状態だと、脳幹が活性化していると言えるのでしょう。

まず脳幹が活性化している人は、二の腕を左右に押してみても「ビシッ」として動きません。

また、肩を後ろに引いてみた時も、当然関節があるので曲がりはしますが、バランスを崩すようなことはありません。

そして、肩に手を置き上から体重をかけた際にも、膝がガクッと折り曲がることがなく、しっかりしています。

こういう状態の人は脳幹がきっちり反応している、つまり活性化しているということになります。

なぜなら、脳幹は本能的な反射などをコントロールしているため、このような行為に無意識、かつ瞬時に、しかも自動的に反応するんです。

つまりビシッとするんです。

意識状態が脳幹の反応に現れる

前にも述べましたが、意識と身体は密接につながっているというのは医学的にも認められている事実です。

そして、この脳幹の反応もその人の今の意識状態をほぼ明確に表しています。

二の腕を押した時に左右への揺れが大きくフラフラする人は、日々様々な判断に迷って右往左往する状態が多い人です。

肩を軽く後ろに引いた時にバランスを崩しがちの人は、囚われがちな過去の記憶があり、それを引きずっている人です。

肩に手をかけて上から体重をかけた際に膝がガクッと曲がってしまう人は、上から目線での圧力、例えば上司、先輩、親などから常にプレッシャーを受けている人が多いです。

私もこの方法でお客さんの脳幹のチェックをするのですが、以上の内容を説明すると9割以上は当たっています。

ですので、逆を言えば、脳幹の反応がピシッとしており身体も揺れない人は、いわゆる「肚が据わっていて些細なことに惑わされない」という人なんです。
つまり、軸のブレなさが身体にも現れているんです。

脳幹を活性化させる3つの経絡

身体をチェックした時に身体がヨロヨロしている人、つまり脳幹がきちんと反応していない人には、ある3カ所の経絡をマッサージしていただきます。

まー、不思議といえば不思議なんですが、その**3カ所をマッサージすると**途端に身体がビシッとします。つまり、**脳幹の本能的な反射がきちんと機能するようになる**んです。

で、その際の身体の感覚をご本人に確認すると、「肚が据わってる感じ」とか、「地に足がついてドッシリしている感じ」と言います。

実際に身体の揺れを再度確認すると、ビシッとして動かない、つまり脳幹がきちんと反応している状態になるのです。

では、次に、具体的な3カ所をどのようにマッサージしていくかを説明していきます。

◇鎖骨下のくぼみ

左右の鎖骨《さこつ》の下のくぼみを、図のようにマッサージします。

マッサージをしている際は深呼吸をしながら、片方の手は丹田あたりに置きます。

この時に、いろんな人からいろんなことを言われたりして**判断に迷って困っている自分、もしくは優柔不断で右往左往している自分を思い出せるのであれば、それを思い出しなが**らやります。

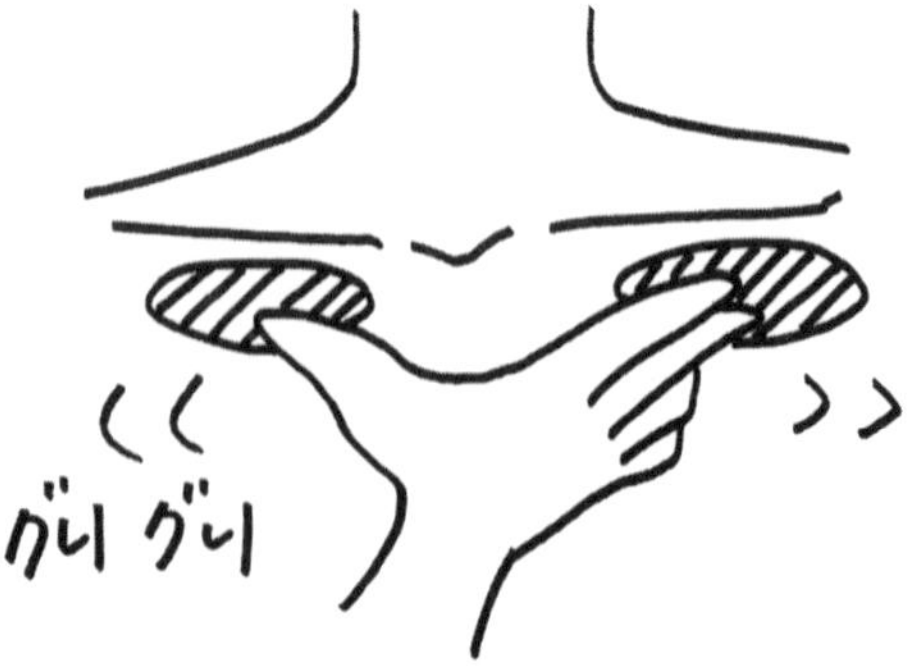

左右の鎖骨の下を
同時にマッサージする

特に思い出せないのであれば深呼吸とマッサージだけで結構です。

片方の手で深呼吸10回分ほどマッサージしたら、手を替えてもう片方の手でも深呼吸10回分ほどマッサージします。

◇唇の上下

唇の上下を、図のようにマッサージします。

マッサージをしている際は深呼吸をしながら、片方の手は丹田あたりに置きます。

この時に、**上司や親、目上の人から叱られたりダメ出しされたりして凹んでいる自分を思い出せるのであれば、それを思い出しなが**

唇の上下に指をあて
左右に動かす

マッサージをしている時は
丹田に片方の手をあて、
意識しながら行ってね

らやります。

特に思い出せないのであれば深呼吸とマッサージだけで結構です。

片方の手で深呼吸10回分ほどマッサージしたら、手を替えてもう片方の手でも深呼吸10回分ほどマッサージします。

◇尾てい骨

手を図のようにして、尾てい骨のあたりをマッサージします。

マッサージをしている際は深呼吸をしながら、片方の手は丹田あたりに置きます。

この時には、**よく思い出してしまって嫌な**

尾骨（仙骨より少し下）を
マッサージする

氣持ちになったり、不安な氣持ちになるような、囚われがちな記憶があるのであれば、それを思い出しながらやります。

特に思い出せないのであれば深呼吸とマッサージだけで結構です。

片方の手で深呼吸10回分ほどマッサージしたら、手を替えてもう片方の手でも深呼吸10回分ほどマッサージします。

以上の3カ所になります。結構簡単でしょ？　ちょっと場所に氣を遣いさえすればいつでもどこでもできるはずです。

この3カ所のマッサージをマメにしているだけで現実が変わっていくお客さんも結構いらっしゃいます。

身体がビシッとした良い状態になり、その身体の良い状態に潜在意識も引っ張られるからです。

少なくとも1日1回はやっておいてください。また、大事な商談、プレゼンの前などの「ここぞ」という時や、苦手な人に会わなければならない時なども事前にこのマッサージをやっておくことをお勧めします。

第6章

「本当のあなた」の能力を覚醒するために

第3〜5章では主に言葉や身体のコントロールを通じて潜在意識を書きかえる手法をお伝えしました。

これらはすべて「本当のあなた」を取り戻すプロセスであり、**本当のあなたの意識でいる時間が長ければ長いほど引き寄せが加速していきます。**

つまり、本当のあなたが望んでいる状態が引き寄せられてくるのです。

そうすると、**それに呼応するように、あなたが潜在的に持っていた能力も開花していきます。**

今まで封印されてきた本当のあなたが目覚め始めるのです。

それはある意味であなたの天才性の発揮でもあります。

そして、その天才性につきものなのが直感、ひらめき、インスピレーションです。

第2章でも述べましたが、多くの天才たちは直感、ひらめき、インスピレーションを活用して、様々なイノベーションを起こしてきました。

この章では、それらを強化していくための心構え、意識の持ち方、ワークなどを中心に説明していこうと思います。

誰にでもなんらかの天才性が備わっている

「いや〜、私は凡人なんで天才じゃないですよ」なんて言う人がいますが、私はそうは思いません。

この本を読んでいるあなたを含めて、**なんらかの天才性を誰でも持っている**と思います。

ただ、その天才性を封じ込めているだけなんです。

私たちは長い間「100点を取ったら偉い」という教育を受けてきました。

そうすると、当たり前ですが「100点を取れるように頑張ろう」と意識するようになり、するとこれも自動的に「ダメな部分を見つけてそれを良くしよう」という思考が働くようになります。

ダメな部分ができるようになると100点が取れるからです。

私たちにはあらゆる場面でこの**「ダメな部分を見つけてそれを良くする」という無意識の思考パターン**が働いています。

だから多くの人は、自分の苦手なことやダメなところを探し出し、それを克服しようと躍起になるんです。

でも、私は**このような意識が天才性を封じ込める大きな原因**だと考えています。

考えてみてください。

いわゆる天才と言われている人はだいたい「奇人、変人」、「紙一重」なんて言われていますよね。

エジソンは先生に楯《たて》ついて小学校をクビになったことで有名です。

黒柳徹子さんもエジソンと同様に小学校から「もう来ないでくれ」と言われて、個性教育の「トモエ学園」に転校したんですよね。

アインシュタインは小学校入学まで言葉が話せず、入学できないかもしれなかったそうです。

ホンダの創業者である本田宗一郎氏も、基本はレースと機械いじりが大好きなオヤジで、数字などはパートナーの藤沢武夫氏に任せっきりだったと言います。

挙げたらきりがないですが、共通しているのは、ダメな部分とか不得意な部分などは完全に無視し、自分の好き、得意なことに集中し続けた、ということです。

「好き、面白そう、得意」に集中する

第3～5章でお伝えしたワークを進めていくと、脳幹が活性化して感覚が鋭くなっていきます。

それに合わせて、今まで理性で押さえ込んでいた「好き、嫌い」などの感覚も鋭敏になってくるはずなんです。

で、ここからが重要なんですが、その鋭敏になった感覚に従うんです。

あなたには「苦手だけど、嫌いなんだけど仕方なく」という意識でやっている行動がたくさんあるはずです。

ある意味、毎日の習慣にはそういうものが多いんです。

毎朝早く起きるのは「職場に遅刻しないため」という人の方が、「朝早く起きると氣持ちいいから」という人より多いでしょう。

毎朝満員の通勤電車に乗るのも、「みんなでギュウギュウするのが好きだから」なんて人はいないはず。

そういう意味でも、習慣の多くは「苦手だけど、嫌いなんだけど仕方なく」だったりします。

そして結論から言うと、そのような義務的な習慣は、なるべく手放した方がいいんです。

そして、なるべく**「面白そう」、「やってみたい」、「これは得意」という行動にフォーカスする**んです。

もちろん、簡単なことではないのは承知で言ってますよ。

私だって義務的な習慣がゼロか、と言ったらそんなことはありません。だいたい毎日洗濯物を干してますし、お風呂も洗っています。

それはさて置き。

いずれにしても100％義務的な習慣を手放すことは難しいですが、手放せるものはなるべく手放した方がいいんです。

特に**手放した方がいい習慣は「他人への媚《こび》が入った義務的な習慣」**です。

なぜなら**他人への媚＝自己卑下**につながるからです。

「そうしないと認められない、評価されない」という意識は、「自分はその程度」という自己卑下です。

「自分はその程度」と意識していれば、周りからも「その程度」とみなされます。

そして、**「自分はその程度」と意識している人が自分の能力を最大限に発揮するなんてことは当然ながらできない**わけです。

何もあなたに「わがままで嫌な人になれ」って言ってるんじゃないですよ。

ただ、「本質的な喜びや楽しさに従った方がいい」って言ってるんです。

あなた自身が本当に満足すること、喜びを感じることをする、ということは、究極の自己愛です。

で、その行為は、他の天才たちと同様に、結果的に他人のためにもなるんです。

天才性を発揮するためにも、他者に貢献するためにも、一番身近な人、つまりあなた自身を満足させることが実はとても大切なんです。

「意識の位置」を上げるということ

下の絵を見てください。

絵の人の後頭部から上の方に向かってレーダーのようなものが出ていますが、あれは何を表しているかと言うと、「意識の位置」です。

例えば、あなたが今座っているとするなら、その**あなたが座っている状態を後頭部の斜め3m上から眺めているようなイメージ**をしてみてください。

つまり、あなたの意識を後頭部の3m斜め上に置く、ということです。

3mでも5mでもいいのですが、あなたの**目の前を意識しながらも、同時にその自分も俯瞰《ふかん》している感じ**です。

慣れていないと難しいかもしれませんが、いわゆる達人と言われている人や、一流スポーツ選手、スタジアムでコンサートをするようなアーティストの方々などは、大概これに近いことをやっています。

例えば、サッカーやラグビー選手でも司令塔としての役割を持つ一流選手などは「鷹の目を持つ」なんて言われています。で、そういう選手は「なんでそこでそんなパス出せるの？」なんて感じるパスを出したりしますよね。

常に意識が状況を俯瞰しているからです。

何万人という人数をひとつにまとめるアーティストもそう。俯瞰ポジションに意識を置きながら、お客さん全体と他のアーティストの状態、位置などを捉えているはずです。

達人クラスのネイティブアメリカンは常に100mほど上空に意識がある、と言います。そして、そのクラスの達人になると、3km離れたところにいる狼の群れが自分の存在に氣づいたということを察知するほどの能力らしいです。

ちなみに聖人と言われるレベルの人、例えば、仏陀《ぶつだ》とかキリストなどはその俯瞰の位置が常に上空1kmから2kmとも言われているそうです。

もはや自分自身の姿を目視できないレベルの俯瞰ですよね。

なので、伝説にも残されているような超能力的なことがいろいろとできたのかもしれません。

ですので、私たちもそこまで極めれば超能力者的なことがいろいろできるのかもしれませんが、常に意識を上空1kmから2kmに置くなどということは普通にできることではありません。

ただ、少し上、**3mから10mくらいのところから俯瞰しただけでも、潜在的に秘められた力を認識することはできます。**

これは講座やセッションなどでよくやる実験ですが、**座っている人の腕の上に別の人が全体重を乗せて、次ページの図のような感じで押さえます。**

この状態で腕を普通に上げようとすると、当たり前ですがほとんど上げることができません。

しかし、**意識を10m後頭部上の俯瞰ポジションに置いてみると、実は割と簡単に腕が上がってしまう**んです。

やってみたらわかります。

それだけ秘めた能力（エネルギー）が私たちにはあるということです。

これは科学的に解明されているわけではないですが、意識を俯瞰させると脳幹が活性化するようなのです。

脳幹が活性化するので直感が鋭くなり、秘められた力も出やすくなるようなんです。

つまり、潜在能力が覚醒しやすい状態になるんです。

ギュッ
ギュッとね
ギューーー
ンヌッ…
あっ
ティッ
ピュー

常に俯瞰状態というのは無理があるので、氣付いた時、もしくは「感覚を研ぎ澄ましたい」、「本当の自分の力を発揮したい」という場面で俯瞰をしてみてください。

私のお客さんからも、俯瞰を意識することで、

「過去最高のタイムが出た」（マラソン走者）

「大会で優勝した」（バレーボールプレーヤー）

「お客さんと一体感がある良いステージができた」（歌手）

「終始落ち着いた状態でプレゼンができた」（経営者）

などの報告をいただいたりしています。

きっとあなたも普通の意識状態よりも良い結果が得られるはずですよ。

松果体の受信機能を強化する

脳幹を活性化すると、それに伴って脳幹の中にある松果体という組織も当然活性化されていきます。

第2章でも説明させていただきましたが、脳幹の中にある**松果体という部位は、アンテナのような役割を持つ**とみられています。

で、どこにつながるアンテナかというと、量子力学的に言えば、「ゼロ・ポイント・フィールド」です。

ゼロ・ポイント・フィールドとは、「宇宙に存在するすべての源であり、時間や空間を超えたすべてがある」と言われている、五感では捉えられないエネルギーの場（フィールド）です。

このゼロ・ポイント・フィールドというエネルギーの場を発見したのは、かの有名なアインシュタイン博士と、同じくノーベル賞受賞者であるオットー・シュテルン博士です。

アインシュタイン博士に言わせれば、「このエネルギーフィールドが唯一の現実」となります。

すべての源はここにあり、私たちという存在も、「このエネルギーフィールドありき」となるからです。

で、第2章でご紹介したラズロ博士曰く、脳とは、そもそもこのゼロ・ポイント・フィールドという「場」にアクセス、検索して、情報を引き出す装置だそうです。

そういう意味では、**あなたの潜在能力を覚醒させるということは、単にあなたという肉体に備わった能力を引き出すわけではない**のです。

ゼロ・ポイント・フィールドにつながることで、そこにある無限の情報にアクセスし、そこから引き出す力を強化するということなんです。

あなたは「ネットにつながらないスマホ」かも

オーストラリア大陸先住民のアボリジナル・ピープルという人々をご存じですか？

彼らは4万年以上前からオーストラリアに住んでおり（諸説あり）、白人が侵略するはるか前からオーストラリアに根を下ろしていた民族です。

彼らの大きな特徴として挙げられるのが、文字を持たないということ。

文字がないと聞くと未開のイメージを持ってしまいますが実態は全くの反対で、ほとんど言葉を使わずテレパシーのような手段で会話するので、そもそも文字が要らなかったそうなんです。

さらに言うと、記憶力も尋常じゃないほど高いので、文字で記録する必要もなかったらしいのです。

そして実は、彼らの肉体的特徴のひとつとして挙げられるのが、「脳の松果体がとても大きくみずみずしい」ということです（今は違うみたいですが……）。

つまり、彼らは**いつでもゼロ・ポイント・フィールドを介して誰とでもつながれるし**（テレパシー）、**ゼロ・ポイント・フィールドから必要な情報は引き出せる**（尋常じゃない記憶力）という状態だったと言えます。

言ってみれば、いつでもネットにつながっているスマホみたいな状態というわけです。

常にゼロ・ポイント・フィールドというネットにつながっているので、どこにでもつながれるし、そこからいろんな情報を引き出せる。

アボリジナル・ピープルとはそもそもそういう人たちだったのだと思います。そして、私たちも本当はそのような能力を持っているということです。

考えてみてください。あなたのスマホがネットに全くつながらない状態を。電話もできず、情報も検索できず、バージョンアップもできない。使えるのはメモ、スケジュール、計算機ぐらいでしょうか。

これではスマホの本来の機能の1割も使えていない状態、というか、これではそもそもスマホとは言えないですよね。

松果体が活性化していない人間は、案外これに近いのかもしれないですよ。

そういう意味でも、あなたの本来の能力を覚醒させることは、イコール松果体を活性化しゼロ・ポイント・フィールドにつなげることでもあるんです。

松果体を活性化するワーク

次からは、この松果体を活性化するための具体的なワークをご紹介していきます。

◇百会（ツボ）を刺激する

図は頭蓋骨の頭頂部です。

実は、頭蓋骨は3つの骨がつながりあった状態になっています。

この**3つの骨がちょうどつながりあっている真ん中の箇所を「百会《ひゃくえ》」と言います。**

いわゆる「ツボ」の一種ですが、ヨガなどで使うチャクラで言うと「第7チャクラ」という場所です。

チャクラで言うとこの箇所は「高次元とのつながり」とか、「潜在能力の覚醒」、「直感力や霊能力を司る」と言われています。

この箇所を、**頭蓋骨のつなぎ目を開くような感覚でマッサージする**ことを時々やるようにしてください。

私は朝起きてからと、セッション前などには必ずやるようにしています。

実際にここをマッサージすると、直感力が高まったり、インスピレーションを得やすくなります。

場合によっては「チャネリング」のようなことができるようになっちゃったり……。

いや、実際にそういう人は私のお客さんにもいますのでね。

かつての脊椎動物は頭頂部に「頭頂眼」という器官をもっていたそうですが、百会はその名残であり、松果体と頭頂眼は「源を一にする器官」と言われています。

あなたもこの百会をマッサージすることで、インスピレーションや直感力を是非強化してください。

◇眉間のA10神経群を刺激する

お釈迦様の額にホクロのようなものがありますが、あれは白毫《びゃくごう》と言います。インドの方が時々額に印をつけていたりしますが、ちょうど白毫と同じ位置あたりで、別名サードアイとも呼ばれている場所です。

第5章でも書きましたが、あの眉間のあたりにとても重要な神経群が集中しています。

その神経群はA10と呼ばれるもので、この神経は脳幹の間脳の視床下部と呼ばれる場所とつながっています。

で、このA10と呼ばれる神経群を刺激すると快感脳内伝達物質であるドーパミンが分泌され、脳幹の中にある間脳に送られます。

ドーパミンはいわゆる心地よい状態を作る脳内伝達物質で、そのような状態はリラックス状態でもあり、人間が一番能力を発揮しやすい状態でもあります。

と同時に、それは脳幹が活性化している状態でもあるので、当然その一部である松果体も活性化し、インスピレーションやひらめきなども起きやすくなります。このような意味でも眉間はとても重要なんです。

そして、この**眉間を時々指先でトントンする**ようにしてください。

この時に**自分を良い状態にするポジティブな言葉をつぶやきながらやるとさらに良い**です。

敏感な人だと眉間をトントンするだけですっきりする感覚が得られるはずです。

いずれにしても、それが脳幹ひいては松果体の活性化につながりますので、こちらも氣付いた時や、「ここぞ」という時にでもやるようにしてください。

◇自分の周りのトーラス構造（磁場のエネルギー）を意識する

第3章の「氣」という文字を説明する項でもお伝えしましたが、人間の周りには磁場のエネルギーが絶えず循環しており、その循環がトーラスという形を形成しています。

もちろんそのエネルギーを私たちは見ることはできませんが、確実に存在しています。

そのエネルギーを増幅して拡大するイメージをしてみて欲しいんです。

具体的にこんなやり方をしてみてください。

まず**立ち上がった状態で目を閉じ、どちらの手でも構いませんので額に当てます。**

その状態で**頸椎（首）から尾てい骨までの背骨を意識して、そこを中心に自分の周りにトーラス状にエネルギーが広がっている状態をイメージ**してください。

できたら、その状態をさらに自分で俯瞰して、**もっと大きく自分の周りにトーラスが広がっている状態をイメージ**します。

その時に、はるか宇宙からエネルギーが降りてきて、自分の身体を通してトーラスの形を作っているようなイメージができるとなお良いです。

これをすると「ぶるっ」とする感じになる人も時々います。

いずれにしても「本当の自分の力を発揮したい」というような「ここぞ」という時の前にやっておくことをお勧めします。

これも松果体が活性化しますので、インスピレーションやひらめきなどが起きやすくなるばかりか、周りに対する影響力も強化されます。

◇ぼーっとした状態を作る（昼寝も良し）

アイディアが生まれやすい場所としてよく言われるのが、お風呂とかトイレ、もしくは、ぼーっとしながら散歩している時なんて言われますよね。

また、みんなで自由に楽しく会話をしている時なども出やすかったりします。反対に何かに追われたり、強制されたりして頑張っている時は全然ダメだったりしませんか。アイディアが出にくい環境の代表が会社の会議室なんて言われていますか（笑）。

もちろんこれにもちゃんと理由があります。

アイディアが浮かびやすい時は大抵リラックスしていたり、楽しい時だったりするはずなんです。

こういう時の脳波は大抵α波と呼ばれる状態で、副交感神経が働いています。身体や表情が緊張して硬くなっているのとは逆に、ある種のトランスに入っていて、身体も表情も柔らかい状態です。

実は**こういう状態の方が松果体も活性化し、インスピレーションやひらめきが起こりやすい**んです。

それはある意味で**「ゼロ・ポイント・フィールド」につながりやすい状態**ですので、そこからいろいろな情報を引き出せるわけです。

ですので、松果体のアンテナ機能を強化するためには、ある意味ぼーっとしたり、楽しいことを考えたり、楽しそうなことをやってみる、ということがいいんです。

もしあなたが常に何かに追われて頑張っているという状態が多いなら、あえて「ぼーっ」としたり、楽しいことをやったり考えたりする時間を作ってください。

その方が結果的には良いパフォーマンスと結果が得られるはずで、それがあなたの本来の能力を発揮することになるのです。

さて、これで本書でお伝えしたいことはすべて書ききりました。いかがでしたでしょうか?

初めから「完璧にやってみよう」なんて考えるのは止めてくださいね。本文中にも書きましたが、完璧にやろうとすると必ず無理が出ます。そしてちゃんとできない自分にダメ出しが始まり、そのような自己卑下意識が、さらに「ダメな自分」を自覚するような現象を引き寄せちゃいます。

ですので、「これだったらまずはできそうかな」というところから取り組んでいただき、慣れてきたら徐々に増やしていっていただけたらと思います。

完璧を目指さず、「ゆるく、適当に」で始めてみてください。それでも現実は変化していくはずですから。

あとがき

思い起こせば会社員時代には、私がこのような本を書くことになるなど全く想像もしていませんでした。

ただ、このような本を書く大きなきっかけのひとつになったのが会社員時代のある出来事です。

会社員の当時、海外広告を担当していた私の元には海外から多くの雑誌が送られてきており、その内容を確認するのも私の仕事のひとつでした。

そしてある雑誌に「スティーブ・ジョブズのスピーチが評判を呼んでいる」という記事があり、そこに載っていたスピーチを何氣なく読んでみたんです。

そうしたら、何か心が揺さぶられたような感動が起こり、ちょっと焦りのような感情にもなりました。

全体を通して感動的だったのですが、特に心を揺さぶられたのは以下の一文でした。

〝あなたの人生という時間は限られている。だから、他の誰かの人生を生きるなどという時間は無いんだ。誰か他の人たちが考えた人生に従って生きる、などという教えに囚われてはいけない。そして、もっとも大事なことは、他の誰かの意見で押し殺すなどということをしてはならない。そして、もっとも大事なことは、自分の内なる声と直感に従う勇氣を持つことだ。どういうわけか、それらは、あなたが本当はどうなりたいのか、とうの昔からわかっているのだから。

他のことはすべて、二の次でいい……〟

私はこのスピーチに出会って以来、特にこの引用部分が常に自分のどこかにあったように思います。

そして実際、この言葉があったからこそ、自分の直感に従って会社を辞めることもできたし、結果、苦労もたくさんありましたが、今では本当の自分が望んでいる通りのライフスタイルを実現できています。

勇氣を出して、本当の望みに従ったからこそ、今の環境を得られたんだと今は確信を持って言えます。

なぜなら、講座やセッションをお受けいただいたお客様の中にも、そのように生きることで望ましい状態を引き寄せている方が大勢おられるからです。

また、この仕事をするようになってから知り合った幸せな成功者や富裕層と呼ばれる方々に、異口同音に「その通りなんです」と言っていただけたことも、さらに確信を強められたひとつの要因です。

もちろん、厳密に言えば、「意識が現実を作っている」ということが科学的に証明されているわけではありません。物理学者の中にも「意識が現実を作っているなんて言い過ぎだ」と言う人が大勢いることも知っています。

ただ一方で、これも調べてもらえばわかりますが、「意識が現実を作っている」ということを堂々と主張している著名な物理学者も大勢いるんです。

科学の世界も一枚岩ではありませんし、特に量子論の世界は仮説と解釈だらけと言っても言い過ぎではありません。

そして何より、量子の性質がそもそも相対的で不確定、抽象的なのですから。

そういう意味では、私は、私の言っていることがすべて正しい、なんて思っていません。

どこかに間違っている部分もあるでしょうし、もっと効果的な方法だってあるはずです。

ただ、私は、私自身の経験やお客様の事例などを元に、有効な方法であることは確かだ、と確信しています。


この本を手にとってくださったあなたが、本当の自分に目覚め、さらに望ましい現実を引き寄せることを願って。

2018年7月　小森圭太

〈参考書籍、動画、セミナー等（五十音順）〉

「I AM／アイ・アム～世界を変える力～［DVD］」トム・シャドヤック監督（2011）ジェネオン・ユニバーサル・エンターテイメント
「NHKスペシャル アインシュタインロマン［DVD］」NHKエンタープライズ
『面白くて眠れなくなる素粒子』竹内薫（2013）PHP研究所
「開華セミナー」一般社団法人 開華
『奇跡の脳―脳科学者の脳が壊れたとき』ジル・ボルト テイラー（2012）新潮社
「キネシオロジー関連YouTube動画」一般社団法人国際ブレイン・アップデート協会
「ザ・プレミアム 超常現象 第2集［テレビ番組］」NHK
『［図解］量子論がみるみるわかる本』佐藤勝彦（2009）PHP研究所
『相対性理論から100年でわかったこと』佐藤勝彦（2010）PHP研究所

「超次元の成功法則〜私たちは一体全体何を知っているというの⁉〜What the Bleep Do We Know［ＤＶＤ］」日本コロムビア
『フィールド　響き合う生命・意識・宇宙』リン　マクタガート（２００４）河出書房新社
「モーガン・フリーマン時空を超えて［テレビ番組］」ＮＨＫ
『量子論から解き明かす「心の世界」と「あの世」』岸根卓郎（２０１４）ＰＨＰ研究所
『量子論──相対論と双璧をなす物理学の大理論（ニュートン別冊）』和田純夫（２０１７）ニュートンプレス

小森圭太　こもり・けいた

東京都杉並区出身。武蔵大学経済学部卒業。会社員時代に社費にて米国留学(UC Berkeley Extention)。京セラ本社広報宣伝部にて海外広告を担当していた時に、元アップルCEO故スティーブ・ジョブズ氏がスタンフォード大学卒業式で行った伝説のスピーチに出会い、魂が揺さぶられるほどの感動を覚える。同時に「本当に自分は自分の人生を生きているのか？」との疑問が芽生え始める。それ以来、理論や理屈、損得よりも、自分が何に歓びや充実を感じるのかにフォーカスしながら、直感や心に従い何事も選択をするようになる。その後、仏系大手製薬会社の日本法人勤務を経て独立。量子論と脳科学の解釈を加えた引き寄せ実践体験を元に、独自の「量子論的引き寄せ理論」を構築し、セッションや講座、セミナーで提供している。

▶ ブログ「量子論と脳科学ベースの引き寄せ理論」
https://ameblo.jp/inthetic/

▶ ホームページ「量子論と脳科学をベースにした引き寄せメソッド」
http://inthetic.com/

科《か》学《がく》的《てき》　潜《せん》在《ざい》意《い》識《しき》の書《か》きかえ方《かた》

2018年7月30日　初版第1刷発行

著　者　小森圭太
発行者　田邉浩司
発行所　株式会社 光文社
〒112-8011　東京都文京区音羽1-16-6
電　話　編集部 03-5395-8172
書籍販売部 03-5395-8116
業務部 03-5395-8125
メール　non@kobunsha.com
落丁本・乱丁本は業務部へご連絡くだされば、お取り替えいたします。

組　版　萩原印刷
印刷所　萩原印刷
製本所　フォーネット社

R <日本複製権センター委託出版物>
本書の無断複写複製(コピー)は著作権法上での例外を除き禁じられています。
本書をコピーされる場合は、そのつど事前に、日本複製権センター
(☎03-3401-2382、e-mail:jrrc_info@jrrc.or.jp)の許諾を得てください。
本書の電子化は私的使用に限り、著作権法上認められています。ただし代行業者等の第三者による電子データ化及び電子書籍化は、いかなる場合も認められておりません。

©Keita Komori 2018 Printed in Japan　ISBN978-4-334-95038-5